J. W. A. von Eckardt

York und Paulucci

Aktenstücke und Beiträge zur Geschichte der Convention von Tauroggen

18./30. December 1812

J. W. A. von Eckardt

York und Paulucci
Aktenstücke und Beiträge zur Geschichte der Convention von Tauroggen 18./30. December 1812

ISBN/EAN: 9783743652170

Hergestellt in Europa, USA, Kanada, Australien, Japan

Cover: Foto ©ninafisch / pixelio.de

Weitere Bücher finden Sie auf www.hansebooks.com

York und Paulucci.

Aktenstücke und Beiträge

zur

Geschichte der Convention von Tauroggen.

(18./30. December 1812.)

Aus dem Nachlaß Garlieb Merkel's herausgegeben

von

Julius Eckardt.

Leipzig,
Verlag von Veit & Comp.
1865.

Herrn Prof. Dr. Droysen

ehrfurchtsvoll gewidmet.

Das laufende Jahrzehnd hat eine Reihe von Festen gefeiert, die der Semisäkularfeier der großen deutschen Erhebung galten, welche das französische Joch zertrümmerte. Direct und indirect hat auch die Wissenschaft an dieser Jubelfeier Antheil genommen, von ihr Gewinn gezogen; die letzten fünfzehn Jahre haben die historische Literatur um eine Reihe ausgezeichneter Schriften bereichert, die sich eine acten= und quellenmäßige Darstellung jener großen Ereignisse zur Aufgabe machten, welche im Bewußtsein des Volks bereits einen halb mythischen Charakter angenommen hatten. Je mehr sich die Reihen der Männer lichten, die activ an jenen Kämpfen Theil genommen, desto reicher fließen die Quellen für den Forscher, desto mehr Archive und Tagebücher öffnen sich, desto vollständiger kann die Wahrheit erforscht, desto rücksichtsloser kann sie dargestellt werden. Aber nicht nur die Quellen sind reicher geworden, auch der Kreis derer hat sich erweitert, die nach ihrem Inhalt fragen; das Interesse für die Geschichte der Jahre 1812, 1813, 14, 15 und 16 hat sich vertieft; die Theilnahme des Volks begnügt sich nicht mehr damit, die Umrisse jener Thatsachen kennen zu lernen, sie fragt nach den leitenden Motiven des Geschehenen, nach den verbindenden Fäden der Einzelerscheinungen, — die Einzelheiten kommen mehr und mehr zu ihrem Recht.

Der 18./30. December des Jahres 1812 bildet das Eingangsthor in die Geschichte der deutschen Erhebung. Gehütet wird dasselbe von einer ernsten Gestalt, auf deren Schultern damals das volle Gewicht der Zeit, die ganze Schwere der deutschen Nationalaufgabe ruhte — der Gestalt York's, dessen kühne That zum Ausgangspunkte Alles dessen wurde, was im Jahre 1813 in Preußen, in Deutschland geschah. Was York that, ist von einer Meisterhand in die Bücher der Geschichte eingetragen worden; Droysen's „Leben des Grafen York von Wartenburg" hat den Helden von Tauroggen in sein volles Recht eingesetzt, ihm ein Monument

gestiftet, das seiner wahrhaft würdig ist und durch welches den Ansprüchen des Nationalgefühls ebenso genug gethan worden, wie denen der Wissenschaft. So gedrängt die Darstellung der Ereignisse vom November und December des Jahres 1812 in jenem trefflichen Buche ist, sie hat ein vollständiges und lebensvolles Bild jener Tage entworfen, dessen wahrhaft dramatisches Leben von zündender Wirkung ist. Die Convention von Tauroggen bildet aber nur ein Kapitel des Droysen'schen Buchs; so meisterhaft und in gewissem Sinne erschöpfend dasselbe ist, so schließt es Nachträge und Detailergänzungen nicht völlig aus, ja das Interesse des von dieser glänzenden Zeichnung ergriffenen Lesers wird unwillkührlich dazu gedrängt, nach tausend Einzelheiten zu fragen, die der Rahmen einer Biographie ausschloß.

Unter solchen Umständen dürfte die Veröffentlichung einer Sammlung auf die That vom 30. Dec. 1812 bezüglicher Actenstücke nicht ohne Werth sein. Vorliegenden Falls vermögen wir dieselbe durch einen Commentar zu vervollständigen, der zwar nur die Vorgeschichte der Convention berührt, aber aus dem Nachlasse eines Mannes geschöpft ist, der jenen Vorgängen nahe gestanden. Auch Droysen ist ein Theil dieser Documente — und zwar der wichtigere — zugänglich gewesen; er hat sie, soweit es seinem Zwecke entsprach, benutzt und mit gewohnter Meisterschaft verwerthet, im Original und vollständig sind dieselben aber nirgends in die Oeffentlichkeit gelangt. Die wichtigsten Briefe York's sind von Droysen ausführlich mitgetheilt, eben so die wichtigsten Stellen aus den Briefen, durch welche der russische General-Gouverneur von Liv- und Kurland, Marquis Philipp Paulucci, jene Verbindung mit York anknüpfte, welche die Tauroggener Convention zur Folge hatte; auch die dem Marquis Paulucci vom Kaiser Alexander ertheilte Instruction bezüglich seiner mit dem preußischen Corps-Commandeur anzuknüpfenden Verhandlungen ist Professor Droysen bekannt gewesen und von ihm zum Theil veröffentlicht worden. Der während der Dauer der Verhandlungen zwischen Paulucci und dem Kaiser gepflogenen Correspondenz ist aber nur im Vorübergehen Erwähnung gethan, ebenso der York-Paulucci'schen Correspondenz nach der Tauroggener Katastrophe. Jene Verhandlungen haben aber, nicht nur soweit sie sich auf York's Entschließungen beziehen, ein lebensvolles Interesse; sie führten innerhalb des russischen Hauptquartiers zu einer Reihe von Verwickelungen, die nicht ohne Einfluß auf die Vorgänge vom Januar

1813 gewesen ist. Damit möchte den auf sie bezüglichen Documenten ein Anspruch auf die Theilnahme des deutschen Publikums gesichert sein. — Die vorliegende Sammlung besteht aus 38 auf die Convention bezüglichen Actenstücken, die der Marquis Paulucci aus den mit York gewechselten Briefen, seinen Berichten an den Kaiser, den Grafen Wittgenstein u. s. w. zusammengestellt hat. Neunzehn derselben haben Professor Droysen vorgelegen; nur vier hat er ausführlich reproducirt. Sie beziehen sich sowohl auf die Ereignisse, welche jener Convention vorhergingen, als auf die nächsten Folgen derselben. Während unsere Sammlung in ihrem ersten Theil vorwiegend der Droysen'schen Erzählung zum Commentar dient, bezieht sie sich in ihrem zweiten Theil auf Vorgänge innerhalb des russischen Hauptquartiers, die Droysen ihren Umrissen nach bezeichnet hat, ohne auf ihre Einzelheiten einzugehen. Dem russischen Historiker Bogdanowitsch sind jene Documente (wie aus den Citaten zu ersehen) zum Theil zugänglich gewesen; aus naheliegenden Gründen verbot sich ihre Veröffentlichung aber in einer Zeit, in der die meisten Acteure jenes Dramas noch am Leben waren, von selbst.

Wir glauben im Interesse der Leser zu handeln, wenn wir die Mittheilung jener Actenstücke (die neben dem authentischen französischen Text in deutscher Uebersetzung abgedruckt sind) durch einen Bericht über die Geschichte ihrer Sammlung und Veröffentlichung einleiten, der zum Theil unbekannte, zum Theil vergessene Beiträge zur Geschichte des Jahres 1812 bietet, und zugleich den Beleg für die Aechtheit der bezüglichen Documente liefert, deren Authenticität übrigens durch ihre Uebereinstimmung mit den Droysen'schen, aus anderen Quellen geschöpften Citaten über alle Zweifel erhaben ist. Daß dieser Vorbericht nicht medias in res fällt, sondern auch die Antecedentien der Männer berührt, von denen die vorliegenden „Actenstücke und Beiträge" herrühren — wird ihm, wie wir hoffen, nicht zum Vorwurf gereichen.

Von dem Marquis Paulucci, dem eine wichtige Rolle in der vielverschlungenen Geschichte jener Convention beschieden war, weiß man wenig mehr, als was sich auf diese bezieht: daß er im October 1812 General-Gouverneur und Oberbefehlshaber von Liv- und Kurland wurde, mit York in Correspondenz trat, und im Januar 1813 Memel besetzte. Ein Mehreres von ihm zu erfahren möchte denen, die ihm in den Darstellungen Droysen's, Beitzke's, Bogdanowitsch's, Segur's, Häusser's u. s. w.

nur flüchtig begegnet sind, nicht unwillkommen sein: ist doch dem geistreichen alten Italiener schon durch seine Beziehungen zu Alexander I. von Rußland und zu York, eine gewisse Bedeutung gesichert.

Endlich wird unser Bericht noch das Gedächtniß eines Mannes auffrischen, dessen Name (ob er gleich seiner Zeit viel genannt wurde), heute in Deutschland längst vergessen ist — das Gedächtniß Garlieb Merkel's, des wunderlichen Kritikers und Lästerers Goethe's und der Romantiker, der sich durch die üble Rolle, die er in der deutschen schönen Literatur spielte, selbst um das Andenken politisch=publicistischer Verdienste gebracht hat, die er seiner Zeit unstreitig und in nicht unbeträchtlichem Maße erworben. Der Geschichte der York'schen Convention gehört er sowohl durch seine nahen Beziehungen zum Marquis Paulucci und dessen bezüglichen Plänen, wie auch dadurch an, daß sich die vorliegenden Actenstücke und Aufzeichnungen in seinem Nachlaß vorgefunden haben.

Berlin, im Mai 1865.

Die vorliegenden „Actenstücke und Beiträge" sind, wie ihre Aufschrift besagt, aus dem Nachlaß Garlieb Merkel's zusammengestellt und herausgegeben worden. Diesem seiner Zeit vielgenannten Schriftsteller war die auf die York'sche Convention bezügliche Correspondenz vom Marquis Paulucci, in Anerkennung seiner thätigen Mitwirkung an den jenem Vertrage vorhergegangenen Maßnahmen, mit der Erlaubniß, eine Abschrift von derselben zu nehmen, vor etwa funfzig Jahren mitgetheilt worden war.

Wer war Garlieb Merkel? Welche Beziehung hatte er zu Paulucci und zur Convention von Tauroggen? Zur Beantwortung dieser Fragen müssen wir weiter ausholen, als in einer Schrift, die den Titel „York und Paulucci" führt, erlaubt scheinen dürfte. Wir glauben aber, daß der Inhalt des nachstehenden Berichts wichtig genug ist, um demselben ein Anrecht auf die nachstehenden Blätter zu erwerben, ein Mal, weil dieser Bericht sich zum größten Theil auf die Geschichte des preußisch-französischen Krieges von 1806 und des Napoleonischen Feldzugs von 1812 bezieht und zweitens, weil er uns an seinem Ausgange zu einer nähern Bekanntschaft mit dem Marquis Paulucci und den Mitteln und Wegen führt, die derselbe benutzte, um auf York und seine Truppen zu wirken.

Garlieb Helwig Merkel wurde als Sohn eines livländischen Predigers im Jahre 1769, dem Geburtsjahr Napoleon's, Wellington's, Humboldt's und Walter Scott's in Livland geboren, verlor seinen Vater, der seine erste Erziehung mit vieler Umsicht geleitet hatte, schon früh und war nach mehrjährigem Aufenthalt in der Rigaer Domschule längere Zeit hindurch ausschließlich sich selbst und der Geistesnahrung überlassen, die er aus der Bibliothek seines Vaters in ländlicher Einsamkeit schöpfen konnte. Schon frühe mit den Schriften Voltaire's, Bayle's — des

Deutsch=Franzosen Bar und J. J. Rousseau's genau bekannt, gehörte Merkel von Jugend auf jener Aufklärungsschule an, nach welcher man das achtzehnte Jahrhundert das philosophische nannte; zu den religiösen und politischen Grundsätzen dieser „Philosophie" hat er sich sein Lebelang bekannt und sich als deren hervorragendster Repräsentant in Liv=, Est= und Kurland gerirt.

Mit großer Energie und keckem Muth, zugleich aber maßloser Eitelkeit und jener eigenthümlichen Art der Selbstüberschätzung begabt, wie sie vorwiegend bei Autodidakten gefunden wird, hat Merkel sich darin gefallen, während des größten Theils seines Lebens in offener Fehde gerade mit den Autoritäten und Mächten zu liegen, welche die hervorragendsten seiner Zeit waren — wurde ihm das Loos zu Theil, unter den Rittern der rationalistischen Schule einer der letzten und — darum unglücklichsten Vorkämpfer derselben zu werden.

Es gebührt ihm das Lob, seine Ueberzeugung zu allen Zeiten mit Unerschrockenheit und ohne Rücksicht auf die Gunst oder Ungunst äußerer Verhältnisse, verfochten zu haben; unglücklicher Weise stand diese Ueberzeugung aber auf dem Gebiet des Aesthetischen zu der der Vertreter unserer klassischen Literatur in directem Gegensatz. Weil es bis in das erste Viertel des neunzehnten Jahrhunderts hinein in Deutschland kein anderes als ein ästhetisch=literarisches öffentliches Leben gab, der sittliche Werth des der Oeffentlichkeit angehörenden Mannes in erster Reihe nach dessen ästhetischer Geschmacksrichtung beurtheilt wurde, Merkel aber den großen Literaturheroen gegenüber der Repräsentant des vulgären Geschmackes war, ist dieser Mann, der ein höchst begabter politischer Schriftsteller und nur nebenbei ein abgeschmackter Kritiker war, von seiner Zeit verurtheilt und vergessen worden. Seiner schlechten Kritiken wird noch gedacht, von seinen verdienstvollen publicistischen Arbeiten auf dem politischen Gebiet weiß kein Mensch mehr etwas. Begeistert für die philosophischen und politischen Freiheits= und Aufklärungsideen des Jahrhunderts, das ihn geboren, machte Merkel diese zum alleinigen Maßstabe der Beurtheilung aller Verhältnisse und Erscheinungen, die ihm auf den verschiedenen Gebieten des Lebens begegneten, unbekümmert darum, ob die Zeit unterdessen zu neuen Gesichtspunkten und Resultaten fortgeschritten war oder nicht. Auf dem politischen Gebiet machte er damit den Anfang. In dem Jahre 1794, während rings in allen drei Provinzen des

Ostseelandes die Leibeigenschaft in härtester Form bestand, Niemand es wagte, die Rechtsbeständigkeit und ökonomische Nützlichkeit dieses nach Jahrhunderten zählenden Instituts in Zweifel zu ziehen, schrieb er als fünfundzwanzigjähriger „Hofmeister" in einem adeligen Hause auf dem Lande ein Buch, „Die Letten in Livland", das die bäuerlichen Zustände Livlands mit unerhörter Kühnheit und Schärfe angriff, die Verwerflichkeit der bestehenden Verhältnisse ihrem vollen Umfange nach bloß legte und von der Höhe der philosophischen Anschauungen des Jahrhunderts herab, mit glühendem Eifer verurtheilte. 1796 gab Merkel, der sein Manuscript heimlich verfaßt hatte, seine Hauslehrerstelle auf und reiste mit einem nur bescheidenen Reisegelde versehen nach Deutschland, um seine Schrift in Leipzig zu veröffentlichen und ihre Wirkung zum Wohle der Letten und Esten abzuwarten. Gleichzeitig begann er, der bis dahin fast ausschließlich sein eigener Lehrer gewesen war, in Leipzig und Jena Medicin und Philosophie zu studiren. In Leipzig mit Seume, in Thüringen mit Loder, Wieland, Herder und Böttiger auf vertrautem Fuß, war Merkel, der durch seine „Letten" eine Tagesberühmtheit geworden war, auch mit Goethe und Schiller in oberflächliche Beziehungen getreten. Die Weimarer Dioskuren standen um jene Zeit auf dem Höhepunkt ihres Ruhms und ihrer gesellschaftlichen Bedeutung, die Xenien waren so eben erschienen und hatten ein Strafgericht über alle Gegner und Neider ihrer Autoren gehalten. Durchdrungen von dem Bewußtsein, „hinsichtlich seiner Zwecke über den Verfassern der Xenien zu stehen", war der junge Verfasser der „Letten am Ende des philosophischen Jahrhunderts" zuerst Schillern, später auch Goethen, der mit Loder, dem bekannten Anatomen, lebhaft verkehrte, nicht ohne Anmaßung begegnet und von Beiden mit Kälte und Gleichgiltigkeit behandelt worden. Auch in ästhetischen Dingen den Anschauungen der „Aufklärungsschule" leidenschaftlich ergeben, ein eifriger Verehrer und persönlicher Freund Herder's, Engel's und Wieland's, deren Ruhm durch den der beiden großen weimarer Freunde verdunkelt zu werden begann, war Merkel einer der ersten, der gegen den Goethe=Cultus Opposition zu machen versuchte.

Die heute vergessenen, ihrer Zeit vielgenannten „Briefe an ein Frauenzimmer", bilden das traurige Denkmal dieser Geschmacksverirrung eines Mannes, dem es bei sonst bedeutenden schriftstellerischen Fähigkeiten, so ziemlich an Allem gebrach, was von einem ästhetischen Kritiker verlangt

werden kann. Merkel war ein Mann des wirklichen Lebens, der seiner innersten Natur nach dem, „was sich nie und nirgend hat begeben", fremd bleiben mußte. Wieland und Voltaire waren die Götter seines Kunsttempels, das triviale „aut prodesse volunt aut delectare poetae" bildete die Quintessenz seiner ästhetischen Weisheit, das Lehrgedicht und die poetische Erzählung waren diejenigen Formen der Darstellung, die seiner Ansicht nach die erste Rolle in der deutschen Literatur zu spielen hatten. Unter solchen Umständen läßt sich die Beschaffenheit der kritischen Bestrebungen des jungen Livländers unschwer errathen. Von irrthümlichen Prämissen ausgehend, kam er bei unsinnigen Consequenzen an, die heute nur noch als Curiosa gelten können. Bald hieß es in jenen Briefen, daß „Göthe im Purpurtalare barfuß gehe", bald daß der Dichter des Werther „kein Deutsch" verstehe, daß der Faust durch seinen „ungeschlachten zweiten Theil" zum Monstrum geworden sei, bald wurde Kotzebue die Rolle eines neuen dramatischen Messias vindicirt, Engel's „Lorenz Stark" zum „mustergiltigsten Roman der Deutschen" gemacht oder Herder und Wieland das Allerheiligste des Musentempels zugewiesen. — Es ist hier nicht der Ort, im Einzelnen auf die traurigen Intriguen einzugehen, zu denen der leidenschaftliche, von Goethe persönlich verletzte Mann sich mißbrauchen ließ: die bisjetzt unveröffentlicht gebliebene Correspondenz Merkel's mit Böttiger und dem Herder'schen Ehepaar gewährt einen peinlichen Einblick in das kleinliche Treiben all der großen und kleinen Nebenbuhler des Dichterfürsten, der mit olympischer Ruhe seinen einsamen Weg ging und sich höchstens zu gelegentlichen Stoßseufzern herbeiließ, die davon Zeugniß ablegten, daß es jenen Neidern und Feinden niemals gelungen war, die Ruhe des Vielbefehdeten auch nur vorübergehend zu stören.

Es sei hier nur vorübergehend erwähnt, daß der zwischen Goethe und Schiller geschlossene Bund insbesondere Herder und die Männer der sogenannten alten Berliner Schule lebhaft verstimmte und Merkel das Instrument und Organ dieses Schmollens war. Nicht wenig trugen zu jenen Differenzen die Romantiker bei, die mit dem Uebermuth der Jugend auf Wieland, Herder und Engel herabsahen und von den Zeitgenossen eigentlich nur Goethe gelten ließen. Merkel, der das Mittelalter als getreuer Schüler des Philosophen von Ferney blindlings perhorrescirte und in den ästhetischen Repristinationsbestrebungen der Tieck, Waden-

rober u. f. w. gleich Anfangs Verrath an den Ideen des philosophischen Jahrhunderts und der französischen Revolution witterte, wandte im Bunde mit Kotzebue (der als Mensch und Charakter übrigens tief unter dem ehrlichen, aber einseitig=beschränkten Livländer stand) alle ihm zu Gebote stehenden Mittel auf, um die neue Schule bei dem großen Publikum, das ihn kannte und seiner Rücksichtslosigkeit wegen schätzte, von vornherein zu discreditiren. Es entstand jene gehässige Polemik, die von beiden Seiten in gleich unwürdiger Weise geführt wurde und „faute de combattants" erst endete, als der Ernst der politischen Ereignisse die literarischen Interessen in Deutschland für längere Zeit zum Schweigen brachte.

Noch in Mitten seiner verfehlten kritisch=ästhetischen Periode hatte Merkel begonnen, als politischer Schriftsteller thätig zu sein. Er war im Frühling 1799 von Weimar nach Berlin übergesiedelt und hier als Mitarbeiter der Spener'schen Zeitung in den Dienst der periodischen Presse getreten, der er sich eigentlich von Hause aus hätte zuwenden müssen. Auf dem Tummelplatz der politischen Debatte, in jedem Kampfe in dem es sich um faßbare, reale Dinge handelte, war Merkel in seinem Element; grade die Eigenthümlichkeiten seines Wesens, die ihn an jedem feineren Kunstverständniß verhinderten, kamen ihm hier trefflich zu statten: die nüchterne Verständigkeit und das rücksichtslose Dreinschlagen. Der Ehrenplatz, den er als politischer Schriftsteller zu jeder anderen Zeit verdientermaßen erworben hätte, er ist ihm zu Folge seiner bösen kritisch=ästhetischen Antecedenzien entgangen; dem Geschlecht das während des ersten Decenniums unseres Jahrhunderts am Ruder war, galten ästhetische Sünden für irreparable Vergehungen, die ungleich schwerer als politische Verirrungen wogen und nicht vergeben werden konnten.

Es war im Jahre 1803 als Merkel und Kotzebue das Unterhaltungsblatt „Ernst und Scherz oder der Freimüthige" begründeten, ohne auch nur im Entferntesten zu ahnen, daß demselben eine politische Zukunft beschieden sei. Schon im folgenden Jahre trat Kotzebue zurück und Merkel blieb als alleiniger Redacteur desselben übrig. Noch während er in dem fruchtlosen Beginnen fortfuhr, den Krieg gegen die Romantiker siegreich zu Ende zu führen, hatte der politische Horizont sich in einer Weise zu verfinstern begonnen, die die Aufmerksamkeit aller denkenden Leute mehr und mehr beschäftigte und von den Händeln der Gelehrten-Republik abwandte. Das siegreiche Vorbringen der Franzosen wurde

immer besorglicher, Italien und die Schweiz waren bereits in den Händen der siegreichen Republikaner, die den Fortbestand des heiligen römischen Reichs deutscher Nation zu bedrohen schienen. Dem kosmopolitischen Zuge der Zeit gemäß, hatte ein großer Theil der deutschen Liberalen (insoweit von solchen überhaupt die Rede sein konnte) bis dazu dem französischen Lager seine Sympathien zugewandt. Die Gräuel der kurzen Epoche des pariser Terrorismus waren halb und halb vergessen worden und hatten längere Zeit hindurch einen lebhaften Enthusiasmus für die „Neufranken" Platz gemacht. Nur sehr allmählig kam man wieder zur Besinnung; einer der Ersten, die zu einer richtigen Auffassung der Situation durchdrangen, war unser Merkel. Noch in den Jahren 1799 und 1800 war er ein lebhafter und ausgesprochener Franzosenfreund gewesen. Während der ersten Jahre seines Berliner Aufenthalts hatte er fast täglich mit Sieyes, dem damaligen Gesandten der Republik am Berliner Hof, verkehrt. Als dieser ihm den Vorschlag machte, in französische Dienste zu treten, regte sich in Merkel aber alsbald der Deutsche. Er erklärte, sein Gewicht nicht in die Wagschale Frankreichs werfen, sondern Unterthan des Kaisers von Rußland und Deutscher bleiben zu wollen. Als aber wenige Monate später das republikanische Frankreich mehr und mehr ein monarchischer Militärstaat zu werden begann, als sich Niemand mehr darüber täuschen konnte, daß der erste Consul ein allmächtiger Dictator geworden war, dem die Verwandlung der Republik in eine unbeschränkte Dictatur nur noch für eine Frage der Zeit galt, nahm es mit Merkel's Sympathien für die Franzosen und die französische Freiheit ein unerwartet rasches und entschiedenes Ende.

Die Jahrgänge des Freimüthigen aus den Jahren 1805 und 1806 bieten interessante Belege für die Wandlung, welche sich nach der Schlacht bei Austerlitz in dem Kreise derjenigen vollzog, die sich noch wenige Monate früher mit kurzsichtigem Behagen in dem engen Kreise sentimentaler Theaterinteressen, literarischer Händel und allgemeiner Phrasen über Menschenrechte bewegt hatten. Die literarische Rubrik des Merkel'schen Blattes schrumpft Nummer für Nummer ein, um der politischen, die den sonderbaren Titel „Nichtpolitische Zeitung" führte und auf die vierte Seite verbannt war, Platz zu machen. Die Merkeln eigenthümliche boshafte Satire wendet sich nicht mehr gegen literarische Gegner, sondern mit besonderem Nachdruck gegen französische Großsprecher und

imperialistische Journalisten. In kurzen aber treffenden Bemerkungen wird auf die verzweifelte Lage des bedrängten österreichischen Kaiserstaats, die Nothwendigkeit einer Verständigung mit diesem hingewiesen, die von Rußland aus nahende Hilfe und Unterstützung als Mahnung an Preußen aufgefaßt, Kaiser Alexander I. bei seinem Eintreffen in Berlin als „schützender Genius des Nordens" begrüßt.

Um sich der Bedeutung dieser vom Freimüthigen befolgten, nach modernen Begriffen nur bescheidenen Wendung zu den brennenden Fragen des Tages bewußt zu werden, muß man sich der Indifferenz erinnern, mit der die große Masse selbst der Gebildeten den kommenden Ereignissen entgegen sah; die uns vorliegende Sammlung der an Merkel gerichteten Briefe deutscher Schriftsteller aus jener Zeit bietet charakteristische Belege dafür, wie ahnungslos das Deutschland der damaligen Zeit seiner Vernichtung entgegen ging. Als ob man sich im tiefsten Frieden befinde, wird über Theaterkritiken und Bücherrecensionen verhandelt, der Redacteur des Freimüthigen wegen seiner Urtheile über Spazier oder Rochlitz interpellirt; selbst Männer wie Böttiger, Seume und Ancillon thun in ihren langen, von allen möglichen Dingen handelnden Briefen mit keinem Wort der dräuenden Lawine Erwähnung, die sich von Süden her gegen Preußen heranwälzte, der einzige Johannes von Müller giebt seiner Besorgniß um die Zukunft Oesterreichs gelegentlich in einigen Worten Ausdruck; was sonst von den Bürgern der Gelehrten-Republik verhandelt wird, hat auch nicht die entfernteste Beziehung zu den großen Ereignissen des wirklichen Lebens. — Daß Merkel trotz dieser Isolirung und trotz des mangelhaften Verständnisses, das er innerhalb seiner nächsten Umgebung fand, die Augen offen behielt und den einmal beschrittenen Weg mit steigender Energie fortsetzte, macht seinem gesunden politischen Sinn alle Ehre und dürfte wohl geeignet sein, dem Herausgeber des Freimüthigen vor dem Forum des heute lebenden Geschlechts Ablaß für dessen kritisch-ästhetische Sünden zu verschaffen.

Was sich während des Jahres 1805 allmählig vorbereitet hatte, gewann im Jahre 1806 eine immer entschiedenere Gestalt; der Freimüthige wurde jetzt ein ausgesprochen politisches Blatt, das unbekümmert darum, daß bereits ganz Süd- und West-Deutschland in den Händen des Feindes war, daß ringsum alle unabhängigen Stimmen verstummten, den Haß gegen die Franzosen und ihren siegreichen Führer in aller Form auf seine

Fahnen schrieb. Als es in Berlin bereits für gefährlich galt, Berichte über die Gewaltthätigkeiten und Brutalitäten zu veröffentlichen, deren die Franzosen sich in Süddeutschland schuldig machten, als man im Herzen des preußischen Staats allenthalben Napoleonische Späher und Emissäre witterte, die den französischen Hof über die Stimmung in Berlin unterrichteten, nahm der Freimüthige keinen Anstand, sich zum Centralorgan aller Freunde der guten preußisch-deutschen Sache zu machen, die Glieder des Rheinbundes als Verräther zu bezeichnen, die ihre Souverainität in unrechtmäßiger Weise erworben und ihren Besitz darum verwirkt hätten. Hatte es bereits ungeheures Aufsehen erregt, daß Merkel die ihm bis dazu befreundet gewesene Berliner Judenaristokratie wegen ihrer Verbindungen mit dem großen Pariser Sanhedrin angriff, ihr einen schweren Vorwurf daraus machte, daß sie zu den Plänen des französischen Bischofs Gregoire (der hinter der ostensiblen Absicht das jüdische Schulwesen Berlins zu studiren, den Versuch versteckt hatte, bei den Berliner Juden französische Sympathien zu erwecken) die Hand geboten, so sah man es für eine fast beispiellose Tollkühnheit an, daß der Freimüthige keinen Anstand nahm, die empörenden Einzelheiten über die Ermordung des unglücklichen Palm abzudrucken und mit einem Commentar zu versehen, der der leidenschaftlichen Entrüstung, welche diese Schandthat hervorrief, einen ungeschminkten Ausdruck gab. Es hatte schon die Mitarbeiterschaft von Männern wie Alexander von Humboldt, Böttiger, Johannes von Müller u. A. dazu beigetragen, dem Merkel'schen Journal eine außerordentliche Verbreitung durch ganz Deutschland bis nach Holland und Rußland hinüber zu sichern: nach dem Abdruck jenes Artikels über Palm nahm dasselbe eine durchaus exceptionelle Stellung ein; während man es in Frankreich sonst kaum der Mühe werth gehalten hatte, nach der zahmen periodischen Presse des zu einem bloß geographischen Begriff herabgesunkenen Deutschland zu fragen, galt der Freimüthige allen Franzosenfreunden seit dem Winter 1805—1806 für ein „schlechtintentionirtes" Blatt, dessen Gefährlichkeit noch dadurch verschlimmert wurde, daß die einzelnen Nummern desselben regelmäßig zu Amsterdam in einer holländischen Uebersetzung nachgedruckt wurden. Man erfuhr bald, daß der kecke Journalist, der sich unterwunden, die ihm aus Frankreich und vom Rhein her zugekommenen Warnungen öffentlich zu verspotten, auf die Proscriptionsliste des fränkischen Imperators gesetzt worden sei. „Kein Talent, doch ein Charakter"

wurde Merkel durch die Beachtung, die er im feindlichen Lager fand, nur gereizt, eine immer kühnere und rücksichtslosere Sprache zu führen; jener Mangel an dem „besten Theil der Tapferkeit", der die Schuld daran trug, daß der Verfasser der „Briefe an ein Frauenzimmer" sich zu den unbesonnensten Angriffen auf die Weimarer Dioskuren hatte hinreißen lassen, wurde jetzt zum Vorzug: ihm der es gewagt hatte, mit den Fürsten der Nationalliteratur zu rechten, kostete es kaum einen Entschluß, mit den gekrönten Gliedern des Rheinbundes anzubinden und dieselben in rücksichtslosester Weise anzugreifen. In einer Zeit, in der der beschränkte Unterthanenverstand jede Kritik der Handlungsweise seiner Fürsten für Hochverrath hielt, forderte Merkel ein Nationalgesetz, welches direct aussprechen sollte, daß jeder deutsche Fürst, der mit dem Usurpator gemeinsame Sache mache, suspendirt und „bis zu ausgemachter Sache" fortgeschickt werden solle, damit die Völker nicht verhindert würden, sich selbst den Franzosen gegenüber zu ihrem Recht zu verhelfen!

Es braucht nicht weiter ausgeführt zu werden, daß und warum man in dem Preußen der damaligen Zeit, die Sprache des wahrhaft freimüthig gewordenen „Freimüthigen" nur ungern vernahm. Auch nachdem die preußische Regierung sich entschlossen hatte, Frankreich den Krieg zu erklären, war sie weit davon entfernt, dem Volk eine Betheiligung an der Sache der Rettung des gefährdeten Staates Friedrich's des Großen zugestehen zu wollen. Der übermüthige Militäradel sah es nur sehr ungern, daß man sich an seiner Kampfbereitschaft nicht genügen ließ und seine Fähigkeit, den Franzosen ein zweites Katzbach zu bereiten, in Zweifel zog. Es galt geradezu für ein Zeichen „schlechter Gesinnung", daß Merkel eine allgemeine Volksbewaffnung forderte und die Preußen dazu ermahnte, dem von Spanien gegebenen Beispiel Folge zu leisten und einen Nationalkrieg zu entzünden. Da er in den höheren Gesellschaftsklassen schlechterdings kein Verständniß fand und doch von der Ueberzeugung durchdrungen war, die Armee allein werde außer Stande sein, den siegreichen Franzosen auf die Dauer Stand zu halten, beschloß Merkel direct auf die Massen zu wirken und gemeinsam mit Johannes von Müller ein Volksblatt zu gründen, das die Idee der Volksbewaffnung und der Nationalerhebung popularisiren sollte. Noch während des Jahres 1805 trat er mit Hardenberg und Beyme in Beziehung und schlug diesen vor, mit Hilfe der Regierung und unter Oberleitung derselben ein populäres

Wochenblatt den „Zuschauer" zu gründen und mit dem 1. Januar 1806 ins Leben treten zu lassen. Es liegt uns ein vom 20. Nov. 1805 datirtes ausführliches Schreiben Beyme's vor, in welchem dieser den Redacteur des Freimüthigen von dem Beifall des Königs in Kenntniß setzte, die Sache aber als zur Zeit noch nicht dringlich verschob, „da die preußische Regierung es mehr als jede andere entbehren könne, die öffentliche Meinung durch öffentliche Blätter zu stimmen, da ihr ganzes Thun in einer Reihe von unverrückten weisen Maximen laut zu den Unterthanen spreche." Es werde zwar nicht ohne Werth sein (hieß es weiter), den Enthusiasmus zu beleben und vorzüglich dem Auslande zu beweisen, daß wer den König von Preußen angreife, es mit dem ganzen Volke zu thun bekomme; indessen sei man des Volkes bereits sicher und der König habe die Hoffnung auf Wiederherstellung des europäischen Friedens noch keineswegs aufgegeben. „Wo hat man je", hieß es in demselben Schreiben, „ein so schönes Einverständniß zwischen Heer und Volk gesehen? Wo anders als in Preußen kann man so etwas erwarten? In Preußen allein, dessen Völker den siebenjährigen Krieg gegen fast ganz Europa siegreich bestanden und nicht verzweifelten, als die Hauptstadt zwei Mal in die Hände des Feindes gerieth, als nach den unglücklichen Schlachten bei Kunnersdorf und Collin fast alle Provinzen vom Feinde überwältigt waren und der Staat nur in den Bürgern der zusammengeschmolzenen Heere des großen und einzigen Königs zu suchen war; in Preußen allein ist so etwas möglich."

Bei einer so gründlichen Verkennung der Verhältnisse war es nicht zu verwundern, daß die verheißene Unterstützung des von Merkel und Johannes v. Müller entworfenen Planes ausblieb. War der verständige und wohlmeinende Beyme von dem Wahne befangen, „Heer und Volk befänden sich im besten Einverständniß", so kam es den Haugwitz, Lombard und Luccchesini nicht einmal auf ein Einverständniß dieser beiden Factoren an. In den leitenden Hofkreisen wußte man von einem Volk, das zu etwas Anderem als zum Steuerzahlen und Gehorchen bestimmt sei, schlechterdings Nichts: hatten doch auch die Traditionen des großen Königs von einem Volke Nichts gesagt.

Aus einer flüchtigen Notiz Merkel's erfahren wir, die Muthlosigkeit, welche sich des preußischen Cabinets nach der Schlacht bei Austerlitz bemächtigte, habe ihn an der Ausführung seines Plans verhindert: er habe gefühlt, daß er der an ihn gestellten Forderung „in ruhigem Tone zu

schreiben" nicht nachzukommen im Stande sei. Es blieb ihm Nichts übrig, als den Freimüthigen in der bisherigen Art und Weise fortzusetzen: unbekümmert um den Ausgang hat er das redlich bis zuletzt gethan. In Prosa und in Versen wurde immer wieder die Nothwendigkeit einer Nationalerhebung gepredigt; ein „Schlachtlied", das Merkel in dem Freimüthigen veröffentlicht hatte, um zum Kampf „für Preußens Thron und alten Ruhm, für Weib und Eigenthum" aufzurufen, wurde um jene Zeit häufig von Currendeschülern in den Straßen Berlins gesungen: es klang nur zu tauben Ohren! Quos vult perdere, dementat. Die Einen wurden durch den Pessimismus des Freimüthigen, der sich an der Unbesiegbarkeit der Armee Friedrich's des Großen nicht genügen ließ, verstimmt, die Anderen spotteten des Wahns, es könne irgend etwas durch das Volk geschehen. Wir können uns nicht enthalten, ein kleines Spottgedicht mitzutheilen, mit welchem der Freimüthige damals in den Berliner Philisterkreisen verhöhnt wurde, weil dasselbe ein treffender Beleg für die sittliche Fäulniß ablegt, welche den Kern des Volkes anzufressen begann. Es war, wie wir einer Notiz Merkel's entnehmen, von dem alten Buchhändler Spener verfaßt worden und lautete wie folgt:

Dem
Herrn Dr. G. Merkel,
Redacteur des patriotischen Zuschauers.
Magna petis Phaëton.
Ovid.

Meister, kannst Du frisches Leben
Dieser Leiche wiedergeben,
Ist das Grab Dir unterthan,
Giebt gehorsam Dir das Meer
Seine Ströme wieder her:
Wohl ich bete gläubig an.
Auf denn großer Menschensohn,
Auf! — belebe die Nation!

Das Geschick ging seinen unerschütterlichen Gang weiter: Die preußische Armee zog unter der Führung altersschwacher Generale und ungebildeter, säbelklirrender Junker dem Feinde nach Thüringen entgegen. In trüber, dumpfer Unruhe sah man den Ereignissen entgegen; die Einen suchten sich durch Phrasen über die Unbesiegbarkeit der Schüler Friedrich's zu trösten, Andere erklärten von vornherein, es sei Wahnwitz, daß man

den Frieden nicht um jeden Preis erhalten und überhaupt den Zorn des unbesiegbaren Franzosenkaisers gereizt habe. In den niederen Schichten der Gesellschaft machte man kaum mehr ein Geheimniß daraus, daß der Bürger und Bauer es zufrieden sein könne, wenn der übermüthige Militärabel gedemüthigt und mit einer verdienten Züchtigung heimgesandt werde.

Merkel hatte, wie sich erwarten ließ, im Stillen alle Hoffnungen auf einen glücklichen Ausgang des Krieges aufgegeben; die Unpopularität der preußischen Armee, die Theilnahmlosigkeit der großen Massen, die nur ihre materiellen Interessen im Auge hatten und systematisch von jeder Theilnahme an den öffentlichen Angelegenheiten entwöhnt worden waren, endlich die tiefe Verstimmung der gebildeten Classen, waren ihm nicht verborgen geblieben und erfüllten ihn mit trüben Ahnungen. Diese verschloß er aber tief in seiner Brust; er hielt es (wie es in einer seiner Aufzeichnungen heißt) „für Pflicht", aus Grundsatz zu hoffen und wurde nicht müde seine verspotteten, unverstandenen Mahnungen zu einer Nationalerhebung noch in der elften Stunde zu wiederholen.

Da traf die Schreckenskunde von dem unglücklichen Gefecht bei Saalfeld in Berlin ein: Preußen hatte den populärsten und talentvollsten Prinzen des königlichen Hauses, den genialen Louis Ferdinand verloren, den Mann, der allein ein Verständniß für die veränderten Bedürfnisse der Zeit, für den Ernst der Lage gezeigt hatte. In der öffentlichen Meinung war das Geschick Preußens jetzt bereits entschieden: die Angst vor dem Erscheinen der Franzosen machte binnen wenigen Stunden so reißende Fortschritte, daß der bloße Besitz des Freimüthigen für gefährlich zu gelten begann und Merkel's eigener Verleger, der Buchhändler Heinrich Fröhlich alle Exemplare dieses Blattes, deren er habhaft werden konnte, vernichtete. *)

Merkel ließ sich auch jetzt nicht irre machen; es blieb kein ihm zu Gebote stehendes Mittel unversucht, um den wankenden Muth der Berliner zu kräftigen und zu beleben. Noch am Tage der Schlacht bei Jena druckte der Freimüthige eine patriotische Ode ab, in welcher der „Geist Hermanns" durch die Botschaft getröstet wird, sein Volk erhebe sich und

---

*) Vollständige Exemplare des Freimüthigen vom Januar bis October 1806 gehören darum zu den bibliographischen Seltenheiten.

schreite mit Heeresmacht einher, geführt von dem zürnenden Enkel Friedrich's, umschwebt von Myriaden kampfentzündeter Vaterlandshelden.*) Verlorene Mühe! Die Sprache, welche der im Drang der Zeit zum nationalen Patrioten gewordene Kosmopolit aus der Schule des 18. Jahrhunderts führte, wurde von den Zeitgenossen, die sich an die Worte „Nation" und „Vaterland" nur allmählig gewöhnen konnten, weder gehört noch verstanden. Eine beinahe zehnjährige Leidensschule mußte durchgemacht werden, bevor das preußische Volk die Kraft gewann, die abgestandenen Formen der alten Zeit, die es zu ersticken drohten, abzustreifen.

Das Unheil brach schon wenige Tage nach der Veröffentlichung der erwähnten Ode über Preußens Hauptstadt herein.

Als Merkel am Morgen des 17. October am Fenster seiner in der Friedrichsstraße belegenen Wohnung lag, und eben auf einen recht kräftigen Schluß für seinen nächsten Leitartikel dachte, sah er einen Courier langsam dem Hause des Ministers von Schulenburg, Gouverneurs von Berlin, zureiten. Ein langsamer Courier konnte kein Freudenbote sein: Merkel begab sich sogleich zum Minister, in dessen Vorsaal sich bereits eine große Anzahl angsterfüllter Beamten versammelt hatte; ein ihm bekannter höherer Beamter theilte dem Redacteur des „Freimüthigen" mit erzwungener Fassung die Kunde von der verlorenen Schlacht mit und überreichte ihm zugleich eine Bekanntmachung; Merkel, der einen Aufruf zu den Waffen vermuthete und das Blatt hastig ergriff, um es noch der bevorstehenden Nummer seines „Freimüthigen" einzuverleiben, hielt jenes berüchtigte Manifest der bankerotten Staatsweisheit des ancien régime in Händen, das den Wahlspruch spießbürgerlicher Impotenz „Ruhe ist die erste Bürgerpflicht" zum Motto eines Staates von sechs Millionen Bürgern erhob. Jetzt ließ auch der muthige Mann, der bisher uneingeschüchtert von allen Drohungen seinen eigenen Weg gegangen war, die Hände sinken. Während er noch dastand, um über seine Lage nachzudenken, trat Schulenburg ein. „Ihnen ist zu rathen, daß Sie sich sogleich entfernen", waren die Worte, mit denen er sich an Merkel wandte. Dieser wußte sehr wohl, daß der ohnmächtige preußische Staat,

---

*) Verfasser dieser Ode war der später so bekannt gewordene Thiersch, damals Student in Jena.

ihn, der russischer Unterthan war, vor dem Zorn des in Anmarsch be=
griffenen Kaisers der Franzosen nicht werde retten können, und bat um
einen Paß, der ihm mit nochmaliger Ermahnung zur möglichsten Be=
schleunigung seiner Flucht verabfolgt wurde. „Noch vor Abend werde ich
die fernere Verabfolgung von Pferden untersagen", hatte der Minister am
Schluß jener Unterredung gesagt. Das Recht zur Flucht vor den Franzosen
sollte ein Privilegium der bevorzugten höheren Stände werden. Als er auf
die Straße trat, hörte Merkel die Currende=Schüler vor einem Hause
sein „Schlachtlied" singen. Merkel floh gemeinsam mit seinem geängste=
ten Verleger bis in die Umgegend von Stettin, wo er sich von demselben
trennte, um allein in die alte pommersche Hauptstadt zu gehen. In der
Bedrängniß des Augenblicks hatte er sich zu der Uebereilung hinreißen
lassen, seine gesammte politische Correspondenz mit den Patrioten in
Oesterreich und Süddeutschland, von der er selbst sagt, sie sei sehr aus=
gedehnt und interessant gewesen — zu vernichten. Ueberall bot sich ihm
das gleiche Bild allgemeiner Auflösung aller Verhältnisse dar: muthlose,
überlebte Greise standen an der Spitze des Heeres und der Verwaltung,
ängstlich darum besorgt, die patriotische Aufregung des Volkes nieder=
zuhalten. Kaum in Stettin angelangt, begab sich Merkel zu dem, gleich=
falls auf der Flucht von Berlin daselbst eingetroffenen Minister von
Schulenburg, um ihm seine Feder behufs Erlaß einer kriegerischen Pro=
clamation oder eines patriotischen Flugblatts zur Disposition zu stellen.
Er wurde an den Gouverneur von Stettin verwiesen. Der bloße Anblick
dieses zitternden Greises und seines Commandanten reichte dazu hin,
Merkel's Entschlüsse zu ändern; er begab sich nunmehr auf einem Schiffe,
das den königlichen Schatz zu retten bestimmt war, nach Königsberg, wo er
nach einer langen und gefahrvollen Reise anlangte und die Lage der Dinge
wenig von der in Stettin verschieden fand. Als er auch hier keine Mög=
lichkeit absah, für eine Volkserhebung thätig zu sein, verließ er Preußen,
um nach Rußland, dem einzigen von den Franzosen noch unberührten
Staat des Continents, zu flüchten. Trotzdem, daß Merkel wußte, wie
feindlich man in Livland, das er in seinem Buch über die Letten heftig
angegriffen hatte, gesinnt war, beschloß er in seine Heimat zurückzukehren.
Nach kurzem Aufenthalt in Mitau traf Merkel im December 1806 in
Riga ein, das er zehn Jahre früher als unbekannter Jüngling verlassen
hatte, um sein Erstlingswerk in Deutschland drucken zu lassen. Von hier

ging er nach Petersburg, um sich die Concession zur Fortführung seines
„Freimüthigen" zu erwirken und die Absichten der leitenden Kreise bezüg=
lich der Frankreich gegenüber zu befolgenden Politik zu sondiren. Ob er
diese gleich nicht völlig befriedigend fand, beschloß er ans Werk zu gehen
und sein in Berlin abgebrochenes journalistisches Unternehmen in Riga
fortzusetzen. Am 2. September 1807 erschien hier die erste Nummer der
„Supplement=Blätter zum Freimüthigen". Nach Form und Inhalt
waren diese eine directe Fortsetzung des im October 1806 verstummten
„Freimüthigen", nur nahm das Blatt einen so überwiegend politischen
Charakter an, daß die Ueberschrift „Ein Unterhaltungsblatt" wegblieb;
sein altes Motto: Sapere aude behielt der Autor bei und nahm dasselbe
später auch in den „Zuschauer" hinüber. Die „Supplement=Blätter"
begannen mit „einem Blick auf die gegenwärtige Lage Europas", der sich
durch mehrere Nummern zog und Napoleon als den „Kakodämon" schil=
derte, der dem Krater der Revolution entstiegen sei und zu dessen Besie=
gung die deutschen Staaten sich möglichst enge an Rußland schließen müß=
ten; jede Nummer brachte einen oder zwei Artikel mit einem „Neuigkeiten
des Tages" überschriebenen Anfang, der gewöhnlich eine Anzahl giftiger
Bemerkungen über Gewaltthaten der siegreichen Franzosen oder entrüstete
Randglossen über den Knechtssinn und die Erniedrigung der Rheinbund=
fürsten enthielt. Wir brauchen nur die Titel zu nennen, welche die ersten
Artikel der Supplement=Blätter führten, um ihren Geist und ihre Ten=
denz zu charakterisiren: „Macchiavell und Buonaparte", „Das blecherne
Lügenmaul, oder die Bulletins Buonaparte's", „Der Geist Friedrich's des
Großen an den Kaiser Alexander bei Seinem Eintritt in Preußen am
21. März/2. April 1807" (Eine Ode), „Buonaparte's Verdienste um
Deutschland", „Ueber die zunehmende Zahl der Verbrecher in Frankreich"
(dieser Artikel schloß mit den Worten „Buonaparte und Talleyrand de=
praviren die französische Nation und das Zeitalter"), „Tamerlan und
Buonaparte", „Die Wintercampagne der Russen und Franzosen im
Jahre 1807, oder Fehlgriffe des Unfehlbaren". Diese polemischen Artikel,
in denen zwar nicht immer der beste Geschmack herrschte, die aber nur den=
selben feurigen Haß gegen den Unterdrücker der Freiheit Europas athmeten,
der damals die besten Männer Deutschlands, Rußlands, Englands und
Spaniens beseelte, übten eine Wirkung, die weit über die Grenzen hinaus=
ging, die sonst der Thätigkeit livländischer Publicisten gesteckt sind: sie waren

in Deutschland nicht minder verbreitet, als in Liv=, Est= und Kurland und unter den im Innern Rußlands verstreuten Deutschen; noch im Jahre 1817 versicherte ein Hofrath Müller in Berlin dem Verfasser jener kühnen Flugblätter, mit ihnen in der Tasche sei er als Emmissär des „Tugendbundes" Deutschland durchwandert, um allenthalben für jenen Verein zu werben, der die Seele der glorreichen Erhebung von 1813 wurde. Die Supplement=Blätter enthielten neben den erbitterten und einseitigen Angriffen auf den französischen Kaiser, die aus dem Charakter der damaligen Zeit hervorgingen und in ihm ihre Erklärung finden, übrigens auch vortreffliche politische Artikel, die mit großer Umsicht und Sachkenntniß, oft von hervorragenden deutschen Schriftstellern geschrieben waren und namentlich mit einer für die damalige Zeit unerhörten Kühnheit und Entschiedenheit gegen die in französischem Solde stehenden kleinen deutschen Fürsten zu Felde zogen; wiederholt wurde darauf hingewiesen, die deutschen Völker seien schlechterdings nicht verpflichtet, um dieser Fürsten willen ihre Erbitterung gegen die Franzosen zurückzuhalten, es stände ihnen vielmehr das unzweifelhafte Recht zu, zu den Waffen zu greifen und mit den Franzosen auch deren Bundesgenossen und Anhänger aus dem Lande zu jagen, „denn von jedem Prinzen, der in die Dienste des korsischen Abenteurers trete, sei anzunehmen, daß er auf seinen vorigen Stand Verzicht leiste".

Aber schon mit ihrer dreißigsten Nummer beschlossen die Supplement=Blätter ihr Dasein; ein „Riga den 12. Juni" datirter Artikel brachte die Nachricht von dem am 10. Juni zwischen dem Fürsten Labanow, als russischem Vertreter, und dem General Berthier, als Bevollmächtigten Frankreichs bei Tilsit abgeschlossenen vierwöchentlichen Waffenstillstand, dem Merkel die nachstehende „Anzeige" hinzufügte: „Gründe, die hellsehenden Lesern von selbst in die Augen fallen müssen, bewegen mich, dieses Blatt für ein Paar Wochen ruhen zu lassen. Sobald die Umstände sich verändern, fängt es wieder an."

Daß die „Umstände" sich erst nach einigen Jahren änderten, dem Tilsiter Waffenstillstande ein am 7. und 9. Juli 1807 abgeschlossener Friede zwischen Frankreich und Rußland folgte, der einem Bündniß dieser beiden Staaten mindestens sehr ähnlich sah, ist bekannt. Merkel aber ging an eine Fortsetzung seiner anti=bonapartistischen Publicisten=Thätigkeit ohne die Auflösung dieser Alliance, über deren Unhaltbarkeit sich

kaum Jemand Illusionen machte, abzuwarten. Die „Supplement=Blätter" waren zu compromittirt, um fortgesetzt werden zu können: Merkel gründete daher den „Zuschauer", ein Wochenblatt, das sich später in ein Tagesblatt verwandelte und vier und zwanzig Jahre lang von seinem Gründer redigirt wurde.

Bis zum Ausbruche neuer Feindseligkeiten zwischen Rußland und Frankreich mußte Merkel seinen Haß gegen den französischen Kaiser in Zaume halten: er begnügte sich darum mit einer gedrängten politischen Berichterstattung, die die Gesinnung ihres Autors nur errathen ließ, und wandte sich aufs Neue der kritisch=ästhetischen Thätigkeit zu, mit welcher er seine journalistische Thätigkeit eröffnet hatte. Seine politische Thätigkeit war indessen nicht ohne Anerkennung geblieben. Die Königin Louise ließ dem Redacteur des „Freimüthigen" bald nach Abschluß des Tilsiter Friedens durch den Obristen von Maltzahn brieflich für seinen Muth und seine Treue danken und nannte ihn öffentlich die „letzte Stimme Deutschlands". Mit zahlreichen und hervorragenden Freunden der guten Sache stand er in ununterbrochenem Briefwechsel und die anonymen Drohbriefe, die ihm von Zeit zu Zeit zugingen, ließen ihn errathen, daß sein Name auch im französischen Lager nicht unbekannt geblieben sei. Im Jahre 1812 mußte der Rath Becker in Magdeburg sich vor einem französichen Kriegsgerichte förmlich verantworten, weil man bei ihm einen alten Brief gefunden, in welchem der gefährliche Name „Merkel" genannt war.

Ueber Merkel's Erlebnisse während des Jahres 1812 lassen wir einen in seinem Nachlaß aufgefundenen handschriftlichen Bericht reden:

„Seit mehr als einem halben Jahre hielt sich zu Riga ein nicht ganz junger Mann, der Sohn des berühmten Straßburger Gelehrten Oberlin, auf. Man wußte nicht genau, warum; bei Nachfragen aber hieß es, er wünsche eine Lehrerstelle. Es schien ihm aber nicht viel daran zu liegen und sobald der Gang der Angelegenheiten entschieden war, kehrte er nach Frankreich zurück. Vorher aber suchte er meinen Bruder auf und trug ihm sehr ernstlich auf, mich in Rücksicht meiner Aeußerungen über Frankreich zu warnen: „ich möge mich an das Schicksal Becker's in Gotha erinnern". Was konnte er damit wollen? Ich hatte ihn nie gesehen: freundschaftliche Theilnahme konnte ihn nicht bewogen haben. Offenbar war seine Aeußerung eine Drohung. In wessen Namen? In dem seinigen nicht; das wäre lächerlich gewesen. Also — „die letzte Stimme

Deutschlands" aus dem Jahre 1807 war von Napoleon nicht überhört und nicht vergessen! Man wollte sie zum voraus ersticken. — Nie hat irgend ein Erfolg mich mehr ermuntert als dieser Gedanke. Sie soll, sie wird sich wieder erheben, rief ich aus, und kräftiger als je! — Welche neue Themata zu den blutigsten Vorwürfen boten die vier Jahre seit 1807 dar! Die berechnet boshafte Herabwürdigung Preußens; die Büberei gegen Spanien und dessen Verwüstung; die Beraubung Oesterreichs 1809 und die erzwungene Vermählung mit des beraubten Monarchen Tochter; die mit bitterm Hohn geübte Mißhandlung des ganzen Deutschlands, endlich gar die tyrannische Continental=Sperre, die Glück und Wohlsein des ganzen Welttheils zerrüttete, selbst das der eignen Nation des Ty=rannen; jetzt wieder der tückische lange vorbereitete Angriff auf Rußland, zu dem er als widerstrebende Sclaven die Heere unterjochter Völker heranschleppte: ich zähmte mit Mühe die brennenden Begierde, mich darüber auszusprechen bis der Krieg wirklich ausgebrochen sei. — Man denke sich meine Gefühle und meine Stimmung, als mir dies versagt wurde.

Der bekannte Schriftsteller Friedrich Rambach, damals Professor zu Dorpat, hatte mit einem russischen Professor den Plan zu einer Armee=Zeitung gemacht, die Rambach schreiben und sein College übersetzen sollte. Der Plan war angenommen; der Kaiser hatte eine beträchtliche Summe zu der Ausführung angewiesen; Rambach hatte aus den Druckereien zu Riga Setzer und Drucker und Lettern requirirt, aus der Universitäts=Bibliothek eine Menge Bücher genommen, unter andern Schmidt's viel=bändige Geschichte der Deutschen. Dieser einzige Zug, den russischen Offizieren, welche sich um Deutschland nicht kümmerten, und den russischen Soldaten, die nicht lesen können, aus der deutschen Geschichte recht gründ=lich dociren zu wollen, hätte hingereicht, wenn ich ohnehin nicht schon Rambach's Talente gekannt hätte, mich über seine Rivalität zu beruhigen. Er scheint dagegen die meinige gefürchtet zu haben und wählte zu ihrer Beseitigung ein nach mehreren Seiten sehr charakterischen Ausweg. Er war Mitglied der Censur=Commission in Dorpat, und — in dem Augen=blick beinahe, da die Nachricht einlief, daß die Franzosen in Kurland ein=drängen, benachrichtigte mich der Censor in Riga, daß er von jener Com=mission die Weisung erhalten, keinem Artikel über den Krieg das Impri=matur zu ertheilen, der nicht aus der Rambach'schen Armee=Zeitung geschöpft wäre. — — —

Empört darüber faßte ich den Entschluß, die Redaction meiner Zeitung einem Freunde zu übergeben, selbst aber mit meiner Familie Riga, das mit einer Belagerung bedroht schien und wo ich nun nichts wirken konnte, zu verlassen und nach Dorpat zu gehen. Zu meinem Glück. Die Franzosen waren indeß bis Mitau vorgerückt, und am Abende desselben Tages, da ich mit meiner Familie um Mittag über den Strom nach Riga gegangen war, traf ein feindliches Detachement auf Nebenwegen auf meinem Landsitze ein, um mich aufzuheben, und kehrte am folgenden Morgen zurück. Es waren Preußen und ein Major Möllendorf commandirte sie, den ich in Berlin häufig gesprochen. Sie beobachteten die strengste Mannszucht. Als hätte man ihnen nicht getraut, traf ebenso ein Detachement Bayern ein, das gleichfalls mich suchte, und am folgenden Morgen, ohne einen Schritt weiter zu thun, zurückging. Diese ließen Spuren großer Brutalität zurück. Ich sah in diesen Versuchen eine ehrende Anerkennung dessen, was ich geleistet hatte und was man noch von mir besorgen könne.

Ich war indeß schon auf dem Wege nach Dorpat. Einige Stunden vor meiner Abreise ließ mich der Civil-Gouverneur von Riga, Duhamel, ein geistreicher und gebildeter Mann, zu sich bitten. Als wir uns gesetzt hatten, gab er mir ein Papier, forderte mich auf es zu lesen und lehnte sich mit schalkhafter Miene in die Sopha-Ecke zurück. Ich fing ernsthaft an zu lesen, aber bald wandelte mich ein Lachen an, das ich nur mühsam unterdrückte. Als der Gouverneur das sah, brach er in lautes Lachen aus, und ich that mir nun keine Gewalt mehr an, sondern stimmte, in die andere Sopha-Ecke gelehnt, herzlich mit ein. Es war ein Aufruf an die Bewohner der Ostsee-Provinzen, den Rambach an die Regierung zum Druck eingesandt hatte, um sein Amt als officieller, schriftstellerischer Vertheidiger der Interessen Rußlands anzutreten. Er hatte darin die lächerlich emphatische Sentimentalität, die alle seine poetisch gemeinten Schriften charakterisirt, aufs Höchste getrieben. „Schreiben Sie uns einen Aufruf!" bat der Gouverneur. Ich that es, übersandte dem Gouverneur meinen Aufsatz und reiste ab. — Mein Aufruf hatte ein sonderbares Schicksal. Aus dem „Zuschauer" übersetzte ihn der alte, berühmte Odendichter Derschawin ins Russische für die Petersburger Russische Zeitung, aber er galt für eine Arbeit Kotzebue's. Ich bewahrte zwar in den Zeitungen mein Vaterrecht, aber in der allgemeinen Aufregung der Zeit wurde das nicht beachtet, und man hat mich versichert, jener Aufruf soll es entschieden

haben, daß Kotzebue den Auftrag erhielt, beim Eindringen der russischen Truppen in Deutschland, die Deutschen zur Ergreifung der Waffen zu ermuntern. Dazu fehlte dem genialen Lustspieldichter aber freilich das Talent, indeß eröffnete jener Auftrag ihm die Carrière, die ihm schnell Orden und große Gehalte erwarb. Sic vos non vobis! —

Von der Rambach'schen Armee=Zeitung, „der Russe" betitelt, erschien nur eine einzige Nummer in groß Quart, ein halber Bogen mit abwechselnden deutschen und russischen Columnen. Sie wurde, wenn ich nicht irre, während des kurzen Aufenthalts in Witebsk gedruckt, seitdem aber fand sich, bei dem raschen Rückzugsplane des russischen Heeres, keine Muße mehr zum Schreiben und Drucken. Wie Rambach selbst, nach seiner Rückkehr nach Dorpat, mir klagte, hatte sich im Hauptquartier Niemand um ihn bekümmert, was wohl sehr natürlich war. Ein einziger General, sagte mir Rambach, habe einige Theilnahme für die deutsche Literatur bezeugt und sich zuweilen mit ihm unterhalten; aber als man einst, bei einem raschen Aufbruche, die Pferde des Rüstwagens mit der Bibliothek, der Presse u. s. w. für eine Kanone weggenommen und Rambach den General um Rath gefragt, habe er gesagt: „Verbrennen Sie das unnütze Zeug!" Ob es geschah, weiß ich nicht; Rambach selbst aber fuhr hinter dem Hauptquartier her, bis Moskwa, wo man ihm den Rath ertheilte, nach Hause zu gehen, was er dann auch über Petersburg that, ohne Etwas von dem Mitgenommenen zurück zu bringen oder gewirkt zu haben, mich aber hatte seine Donquixotiade in meinen Plänen gehindert.

In Dorpat brachte ich und meine Familie den Sommer recht angenehm zu, mit den Professoren Huth, den ich schon in Frankfurt an der Oder kannte, Krause, Parrot dem Aeltern, Ledebour und ihren Familien, vorzüglich aber mit Sonntag, der im Herbst auch aus Pernau, wohin er, als General=Superintendent mit seiner Behörde aus Riga gezogen war. Vom Gange des Krieges hörte man hier, von der Hauptarmee abgeschnitten, sehr wenig. Macdonald war am südlichen Ufer der Düna, zwei Meilen von Riga stehen geblieben und begnügte sich mit der Besetzung Kurlands; Wittgenstein aber hatte seine Heldenkämpfe noch nicht angefangen. Ueber Petersburg hätte man freilich immer neue Nachrichten haben können, aber da man bis zur Schlacht bei Borobino wenig Erfreuliches melden konnte, wurde das Publicum der Residenzstadt selbst selten durch Bulletins benachrichtigt, und auf Provinzialstädte nahm man gar

keine Rücksicht. Ich beschäftigte mich theils mit patriotischen Aufsätzen, schrieb unter diesen den Aufruf, der nach der Eroberung von Moskwa Deutsch und dann Russisch gedruckt wurde und mit Beantwortung einer von der landwirthschaftlichen Gesellschaft gestellten Preisaufgabe.

Zu Ende October wurde mein Aufenthalt in Dorpat plötzlich unterbrochen. Die eine Post brachte die Nachricht, daß ein neuer General-Gouverneur, der Marquese Paulucci eingetroffen sei, die folgende eine dringende Aufforderung an mich, sogleich nach Riga zurückzukehren."

Wir müssen den Bericht unseres Selbstbiographen an dieser Stelle unterbrechen, um die Situation in Riga und den neuen Befehlshaber dieser Stadt und des gesammten Ostseegebiets, den Marchese Philippo Paulucci kennen zu lernen.

Die am 8./20. Juli erfolgte Besetzung Mitaus durch Grawert (York, damals noch zweiter Commandeur der preußischen Hilfstruppen, hatte sein Hauptquartier in Memel genommen und traf erst nach Grawert's Erkrankung in Mitau ein, woselbst er das Commando am 8./20. August übernahm) hatte in Riga einen panischen Schrecken erregt. Bereits nach Ueberschreitung der kurländischen Grenze durch die preußischen Truppen hatten die Obergerichte und höchsten Verwaltungsbehörden die livländische Hauptstadt verlassen und sich in das Innere der Provinz gezogen. Nach der Besetzung Mitaus verließen auch die Familien der reicheren und wohlhabenderen Bewohner Rigas diese (wie man allgemein glaubte schwerbedrohte) Stadt, die zu ihrem Unglück zu schwedischer Zeit befestigt worden war. Die im Rigaischen Meerbusen gelegene Insel Oesel, Dorpat und die kleinen livländischen Städte waren die Asyle, die man aufsuchte, um den Schrecken einer Belagerung zu entgehen.

Es scheint, daß man sich in beiden Lagern, dem preußischen in Mitau, wie dem russischen in Riga, mit gleich falschen Vorstellungen über die Stärke des Gegners täuschte: in Riga erwartete man stündlich eine Belagerung, in Mitau wähnte man hinter den Wällen Rigas eine beträchtliche Streitkraft geborgen, von der man glaubte, daß sie den preußischen Aufstellungen gefährlich werden könne, während thatsächlich bis zum September so geringe Streitkräfte in Riga concentrirt waren, daß ein preußischer Handstreich die schwache, nach einem vor-Vauban'schen System befestigte Stadt aller Wahrscheinlichkeit nach weggenommen hätte. Aber auch ohne einen Angriff zu unternehmen, sollte das preußische Corps der

Dünastadt schwere Wunden schlagen: die Angst vor einer feindlichen Invasion und das elende Bestreben in den Augen der Regierung eine patriotische Rolle zu spielen, führten zu jener von der Militär-Oberverwaltung zweck- und sinnlos angeordneten Einäscherung der Vorstädte, die schlimmer war als eine Belagerung, die im äußersten Fall „drei Tage" gedauert hätte*).

Militär-Generalgouverneur und Obercommandirender von Riga war damals ein General von Essen, ein Estländer, der das russische Gamaschenthum mit deutscher Gründlichkeit in ein System gebracht hatte und, ohne bedeutende Kriegserfahrung oder taktisches Talent zu besitzen, ein leidenschaftlicher Soldat war, der den bereits im Juni desselben Jahres proclamirten Belagerungszustand dazu ausnutzte, die geängsteten Bürger der Stadt mit militärischen Rodomontaden zu quälen und im eigenen Hause Krieg zu spielen. Während der gebildete Theil der Bewohner der Stadt genau wußte, daß ein etwaiger Angriff auf Riga mit einer Einnahme der Stadt identisch sei, von einer wirklichen Vertheidigung derselben im Ernst nicht die Rede sein könne, hielt Herr von Essen sich für einen in einem zweiten Saragossa eingeschlossenen Helden: mit unerbittlicher Pedanterie wurde der „Belagerungszustand" gehandhabt, mußten um 9 Uhr Abends die öffentlichen Lokale geschlossen, sämmtliche Häuser mit Wasservorräthen versehen sein u. s. w. Selbst das Standrecht wurde mit unnützer Barbarei wiederholt gehandhabt, ein unglücklicher Candidat der Theologie aus Süddeutschland, bei dem man eine Zeichnung der Citadelle von Riga fand, zum allgemeinen Entsetzen erschossen, ein harmloser Spitzbube, der sich eines Einbruchs schuldig gemacht, gehängt u. s. w. Man wußte, daß es dem wichtigthuenden, belagerungswüthigen Militär-Gouverneur ein wahres Vergnügen sein werde, bei der Annäherung des Feindes die ausgedehnten Vorstädte Rigas, in denen $2/3$ der Bevölkerung lebte in Brand zu stecken; man sah mit Schrecken jeder Aenderung der preußischen Aufstellung am linken Dünaufer entgegen, weil man ihre Wirkung auf das Gehirn des Herrn von Essen nur errathen, nicht aber berechnen konnte.

Man hatte sich nicht geirrt: die Annäherung einiger vorgeschobenen

---

*) Bereits zwanzig Jahre früher hatte der Ingenieur-General de Witte, ein in russische Dienste getretener Holländer erklärt, die Stadt könne „nit dry Dage" gehalten werden.

preußischer Posten hatte am 7./14. Juli die Einäscherung der am linken Dünaufer belegenen, von der eigentlichen Stadt durch den mächtigen Dünastrom getrennten, sog. Mitauschen Vorstadt zur Folge: unsinniger Weise verbrannte man die am Strom belegene, größtentheils aus Waaren= speichern, Niederlagen u. s. w. bestehende untere Vorstadt (Groß=Klü= versholm), während man die zahlreichen auf dem sog. Thorensberge stehenden Gebäude stehen ließ, ohne in Betracht zu ziehen, daß grade diese Anhöhe der geeignetste Punkt zur Aufstellung von Belagerungs= geschützen und zur Beschießung der Stadt sei.

Verglichen mit der Ausdehnung, dem Reichthum und der Bedeutung der beiden auf dem rechten Dünaufer belegenen Vorstädte kam der Verlust der Mitauer Vorstadt, die zudem großentheils früher geräumt worden war, kaum in Betracht. Aber auch an diese sollte die Brandfackel gelegt werden. Das Gefecht bei Eckau, in welchem Grawert die Russen schlug, hatte die Aufregung des Rigaer Generalgouverneurs auf den höchsten möglichen Grad gesteigert; wie allgemein versichert wurde, hatte sich auch der aus preußischen in russische Dienste getretene Adjutant Essen's, der durch Geist und Bildung ausgezeichnete Obristlieutenant von Tiebemann, von der Extase seines Chefs anstecken lassen und als am Abend des 11./23. Juli die beiden noch übrig gebliebenen Vorstädte (die Moskauer und die Peters= burger) und die sog. Vorburg auf einen blinden Lärm hin in Brand ge= steckt wurden, gab man Tiedemann allgemein Schuld, diese unsinnige Barbarei verschuldet zu haben. Ueber die nächste Veranlassung zu dieser Maßregel existiren verschiedene Traditionen, über ihre Verwerflichkeit ist nur eine Stimme laut geworden. Während von Leuten, die dem Militär= Gouverneur und seiner Umgebung nahe standen versichert wurde, derselbe habe die verhängnißvolle Ordre im halben Rausch ertheilt, andere be= haupteten, er habe die von einer Recognoscirungsschaar eingesandten, vorher vereinbarten Chiffres über die preußische Aufstellung und die an die Berichte über diese zu knüpfenden Folgen mit einander verwechselt, hieß es in einem anderen weitverbreiteten Bericht, der Oberbefehlshaber sei durch einen Forstmeister, der in der That gesehen, wie eine preußische Com= pagnie über die Düna gesetzt, über die Stärke dieser auf das rechte Ufer hinübergekommenen Schaar, falsch berichtet worden.

Wir lassen nachstehend den Abdruck einer Aufzeichnung folgen, welche um so beachtenswerther sein dürfte, als sie die Niederbrennung als an

und für sich nothwendig bezeichnet und nur die Art und Weise der Ausführung derselben tadelt.

„Von der kurländischen Grenze her war täglich ein Angriff auf die Landseite zu befürchten. Die schönen Vorstädte innerhalb des Bereichs der Festung liegend, konnten alsdann dem Feinde ebensoviel Nutzen gewähren, als die Belagerten in ihrer Vertheidigung hindern. Es hatte der Kriegsgouverneur darum den Entschluß gefaßt, sie bei ehester Nachricht von einer bestimmten Annäherung des Feindes zu entzünden. Die Anstalten dazu waren getroffen, die Bewohner von diesem Entschluß in Kenntniß gesetzt und gewarnt; aber bei der Menge der reichen Kaufmannsgewölbe und der unermeßlichen, mit Handelswaaren erfüllten Speicher war die Räumung der Vorstädte mit großen Schwierigkeiten verbunden, zumal die innere Stadt mit Flüchtlingen und den Aufspeicherungen der Bewohner und Truppen erfüllt war und die drohende allgemeine Gefahr immer noch mit Hoffnungen wechselte.

Der unglückliche Ausgang des Gefechts bei Eckau, das Heranrücken der preußischen Corps nach Olay (3 Meilen von Riga) und die vom Lande her einlaufenden übertriebenen Nachrichten über die Stärke und die Bewegungen des Feindes, welchen der zur Recognoscirung ausgesandte Adjutant v. Tiedemann nicht widersprechen konnte, brachten Essen plötzlich zum Entschluß, in der Nacht vom 11. auf den 12. Juli a. St. die Niederbrennung der Vorstädte anzubefehlen, trotzdem, daß am nämlichen Abende kurz zuvor durch Trommelschlag die Fortdauer der bisherigen Ruhe für diese Nacht verkündet worden war. Während Alles der Ruhe pflegte, wurden plötzlich und an verschiedenen Orten zugleich, durch dazu beorderte Brandstifter mit Pechkränzen die Gebäude angezündet, wozu eine Brandrakete aus der Festung um Mitternacht das Zeichen gab. Durch die dunkle Nacht stiegen von allen Seiten Feuerflammen empor, die erschreckten Bewohner irrten umher, nicht wissend ob der Feind oder wer sonst auf diese Weise die Vernichtung herbeiführte. Verordnete Brandstifter und private Mordbrenner, welche, die Noth benutzend, auf eigne Hand brannten und raubten, gesellten sich in buntem Gewirr durcheinander und verbreiteten die Verheerung weit über die abgesteckten Linien hinaus und nur den Wenigen gelang es ihr Eigenthum zu retten, welche sich wachsam und mit entschlossenem Muth offen widersetzten. Die Ueberraschung war so unverhofft gekommen, daß z. B. die Besucher eines vorstädtischen Clubbs

(der Euphonie) von ihren Karten- und Speisetischen aufgescheucht wurden. Hier setzte man sich nun entschlossen der Brandstiftung entgegen und es blieben dieses Clubbgebäude und das v. Richter'sche Haus, eines der größten der St. Petersburger Vorstadt erhalten, da auch die zahlreichen Bewohner dieses umfangreichen Gebäudes sich en masse entgegenstellten. Zu alledem waren die Thore der inneren Stadt verschlossen worden und die halbnackten unglücklichen Abgebrannten irrten verzweifelt in dunkler, stürmischer Nacht umher, sich bald vor der unerträglichen Gluth, bald vor dem wild heulenden Sturme bergend. Als die Flammen überall hoch auf=loberten, geriethen selbst die Stadt und die Citadelle in Gefahr, von der Gluth und Menge der entzündeten und wild umherfliegenden Brennstoffe erfaßt zu werden und soll die Citadelle nur durch die Entschlossenheit eines Wächters vor gleicher Einäscherung bewahrt geblieben sein. Auf der Esplanade, zwischen der eigentlichen Stadt und der Vorstadt, wo ungeheure Strohhaufen und geborgenes Mobiliar haushoch aufgeschichtet standen, drohte der Stadt die größte Gefahr, sobald auch dieses in Brand gerathen war. Allein plötzlich knarrten die Wetterfahnen, der Wind, wandte sich und die Feuersgefahr für die eigentliche Stadt war vorüber. — Nicht gering war in dieser Nacht die Besorgniß, daß der Feind, den allgemeinen Schrecken benutzend, einen Ueberfall versuchen und den ganzen Ort im Augenblick allgemeinster Verwirrung überrumpeln werde: allein, wie wir aus den Berichten der Preußen wissen, hatte man damals an einen Angriff auf Riga gar nicht gedacht und war dem Feinde der helle Brandschein am Horizont unverständlich gewesen, bis unsere Nachrichten über die Ursachen einliefen." So lautet die Darstellung eines mit der Maßregel an sich einverstandenen Zeugen!

„Gestern Abend (heißt es in einem anderen, am Morgen nach jener Schreckensnacht geschriebenen Bericht) reitet Tiedemann zum Recognos=ciren in die Gegend von Dahlen; man hatte von einer Annäherung des Feindes gehört, welche vielleicht die Anzündung der Vorstädte nöthig machen könne und wollte sich überzeugen; verschiedene Marken, mit einem und mehreren Siegeln bezeichnet, sollten, wenn sie zurückgeschickt würden, den Erfolg der Recognoscirung melden. Erst wenn die vierte zurück=gesandt worden (so lautete die Abmachung) sollte der Befehl gegeben wer=den. Auch hatte Tiedemann dem Obristlieutenant Clemens, Comman=danten von Dünamünde, einer kleinen, zwei Meilen von Riga am Aus=

fluß der Düna liegenden Festung, die nachstehende Ordre geschickt: „Diesen Abend brennen wir die Vorstädte ab, thun Sie ein Gleiches mit Bolderaa (der Vorstadt von Dünamünde)." Clemens gehorchte nicht. — Um acht Uhr kommt ein kurländischer Edelmann mit einem Bauern, von dem er die Nachricht hat, der Feind rücke mit großer Macht an und der Kriegs= gouverneur gab die Ordre, die Vorstädte anzuzünden. Die allgemeine Stimme nennt Tiedemann, als die Veranlassung dazu."

Die Erbitterung, die man mit dieser barbarischen Maßregel aus= gesäet hatte, war grenzenlos. Trotz der Strenge des Belagerungszustandes geschah es wiederholt, daß Essen und Tiedemann, wo sie sich öffentlich zeigten, von wüthenden Pöbelschaaren mit dem Geschrei „Mordbrenner, Mordbrenner" verfolgt wurden. Die Lage des befestigten Theils der Stadt war erst durch die Einäscherung der Vorstädte eine gefährliche ge= worden, denn dieser war von den Flüchtlingen und Abgebrannten so über= füllt, daß Krankheiten ausbrachen, die ohne den frühen Eintritt des stren= gen Winters auch den Truppen gefährlich geworden wären.

Die Kriegsgeschichte während des August= und Septembermonats ist bekannt genug, um Recapitulationen unnöthig zu machen: vom Ueberfall bei Dahlenkirchen bis zu jenen Gefechten bei Ruhenthal und Bauske, während welcher die Russen das geräumte Mitau wiedereinnahmen, um es zwei Tage später zum zweiten Mal den anrückenden Preußen zu über= lassen, trat für längere Zeit Ruhe ein. York hatte sein Hauptquartier während dieser Zeit nicht in Mitau, sondern auf dem an der Riga=Mi= tauer Straße (etwa 1½ Meile von Mitau) belegenen Pastorat Dalbin= gen genommen, woselbst er über einen nahegelegenen Moor einen Damm schlagen ließ, der noch heute der „York'sche Damm" genannt wird. — Inzwischen war die Schlacht bei Moshaisk geschlagen, Moskau von den Franzosen eingenommen und verbrannt worden. Die frühere Comödie der Irrungen kehrte, wenn auch unter veränderten Umständen, in die bei= den Lager an der Düna zurück. In Riga feierte man jene Schlacht als russischen Sieg; es hieß Davoust sei gefallen, Ney und Mürat seien gefangen genommen worden: Musik und Gesänge schallten auf den Straßen, Unbekannte umarmten sich, indem sie einander die Sie= gestunde mittheilten und „Heil, Alexander, Heil!" riefen. In Mitau wurde gleichzeitig ein „Tedeum" gesungen, das aber den Sieg des fran= zösischen Kaisers feierte. Unter dem Eindruck dieses angeblichen Sieges

bei Moßhaist schlug Essen dem General York eine Zusammenkunft vor von welcher er große Dinge erwartete, weil er glaubte, auch sein Gegner gebe die Sache der Franzosen verloren.

Diese Zusammenkunft fand am 11./23. September in dem an der Riga-Mitauer Straße gelegenen Staroikruge statt; wie aus Seyblitz' Bericht bekannt ist, benachrichtigte dieser Herrn v. Essen davon, daß York das Rendez-vous angenommen habe und begleitete denselben in dessen Wagen an den vereinbarten Ort. Unterwegs setzte Seyblitz den General davon in Kenntniß, daß die Russen bei Moßhaist nicht gesiegt hätten und daß Moskau in Flammen aufgegangen sei. Der lebhaften Aufregung in welche General Essen nach Seyblitz' eigenem Bericht gerieth, als ihm diese Kunde zukam, ist es zuzuschreiben, daß er sich in die veränderte Lage nicht gleich zu finden wußte und York gegenüber von der Absicht schwieg, in welcher er die Zusammenkunft erbeten hatte; es klingt diese Annahme wenigstens wahrscheinlicher, als Clausewitz' Behauptung, das Wesen York's habe Essen so gewaltig imponirt, daß er den Muth verloren, mit seinen Vorschlägen herauszurücken.

Unterdessen waren die Klagen über die Uebereilung und Rücksichts= losigkeit, mit welcher die Vorstädte Rigas eingeäschert worden waren, bis nach Petersburg gedrungen und nicht ohne Eindruck auf den humanen Sinn Kaiser Alexander's geblieben, der für die unglückliche Stadt stets ein lebhaftes Interesse bezeugt hatte. Bald nachdem Essen an den bereits er= wähnten Gefechten bei Bauske und Ruhenthal Theil genommen, erfuhr man durch Privatnachrichten aus dem livländischen Städtchen Werro (am 18./30. Oct.), daß Moskau von den Franzosen geräumt sei; am 20. Nov./ 1. Oct. setzte Essen York von diesem Ereigniß in Kenntniß, um neue Ver= handlungen anzuknüpfen — vier Tage später war er des General=Gou= vernements enthoben und durch den inzwischen eingetroffenen General= lieutenant Marquis Paulucci ersetzt.*)

Mit diesem, vielfach und vielleicht auch von Droysen unterschätzten Manne haben wir uns nunmehr bekannt zu machen.

Der Marchese Philippo Paulucci, entstammte einem vornehmen, im Modenesischen reich begüterten italienischen Adelsgeschlecht, dessen jüngerer Sohn er war. In einem Jesuitencollegium erzogen, hatte er sich eine

---

*) Am Jahrestage der Einäscherung der Rigaschen Vorstädte, dem 11. Juli 1813 erschoß General Essen sich in dem kurländischen Badeort Baldohn.

gründliche und umfassende Bildung erworben, die er sein Leben lang durch eifriges Studium der Alten und der Historiker und Philosophen seines Zeitalters vervollständigte. Mit glänzenden Gaben, aber zugleich mit heftigen Leidenschaften ausgestattet, wußte er, der als jüngerer Sohn kein Vermögen besaß, daß nur angestrengte Thätigkeit und kühner Muth ihn der beschränkten Sphäre entrücken könnten, die ihm in seiner Heimath angewiesen war; so war der Ehrgeiz, eine Rolle spielen zu wollen, schon früher in ihm geweckt worden. Als Buonaparte im Jahre 1796 Modena besetzt und nach Zurücklassung einer ziemlich starken Besatzung wieder verlassen hatte, stand der Jüngling Paulucci an der Spitze einer Verschwörung, die die Franzosen verjagte, wegen der Theilnahmlosigkeit der Nachbarstädte aber ihres Zwecks verfehlte. Paulucci, der schon früher mit Oesterreich in Verbindung gestanden hatte, mußte nach Wien fliehen, nahm hier Militärdienste und verheirathete sich wenig später mit einer Kurländerin, der Gräfin Koskull, durch welche er mit verschiedenen in russischen Diensten stehenden Kurländern näher bekannt wurde.

Im Jahre 1805 war er als österreichischer Major Commandant der dalmatischen Festung Cattaro; als Dalmatien durch den Preßburger Frieden an Frankreich kam, überlieferte Paulucci, schon damals ein leidenschaftlicher Gegner Frankreichs und seines Herrschers, die von ihm besetzligte Festung eigenmächtig den Russen und nahm russische Dienste. Daß Oesterreich ihm für diesen „Verrath" nie ernstlich gezürnt, stellte sich bei späteren Besuchen in Wien bis zur Evidenz heraus: in Rußland schien man ihn aber längere Zeit für einen Charakter zu halten, dem nicht zu trauen sei, weil er, wie es hieß, nach der Uebergabe Cattaros ein russisches Geldgeschenk nicht zurückgewiesen hatte.

Nach seinem Eintritt in die russische Armee lebte Paulucci längere Zeit bei den Verwandten seiner Frau in Kurland. Er war der dort herrschenden deutschen Sprache damals eben so fremd, wie den Verhältnissen Kurlands, zudem ohne Vermögen und ohne Stellung. Es soll seine Lage während dieser Lebensperiode, von der er später nur sehr ungern sprach, eine ziemlich peinliche gewesen sein. In den Augen der stolzen kurländischen Barone war der Major ein armer Teufel ohne cavaliermäßige Vorzüge; er saß schlecht zu Pferde, verstand sich auf die Jagd fast gar nicht, verabscheute als wirthschaftlicher Italiener das Spiel und war den kurländischen Vorstellungen über Ritterehre fremd genug, um das Duell

für eine unnütze Spielerei zu halten, die man den Barbaren des Nordens
überlassen müsse. Er galt — so wurde dem Herausgeber von einem Zeit=
genossen erzählt — für einen Mann, „dem man auf die Sporen treten
könne."
Die Verhältnisse sollten sich bald in ungeahnter Weise ändern. Durch
Verbindungen, die eigentlich immer mysteriös geblieben sind, gelang es
dem Marquis, nach Petersburg berufen und Alexander I. vorgestellt zu
werden. Dieser machte ihn zum Obristen und sandte ihn nach Georgien,
wo er es bald zum commandirenden General brachte und die Perser in
einer größeren Schlacht schlug. Nach Petersburg zurückberufen, trat
Paulucci in nähere Beziehung zum Kaiser und war beim Ausbruch des
französischen Krieges vom Jahre 1812 General à la suite. In einer
Sitzung des Kriegsraths, welcher der Monarch selbst präsidirte und in
welcher die Aufstellung der Armee im Lager von Drissa discutirt wurde,
sprach Paulucci sich in großer Entschiedenheit gegen die getroffene Dispo=
sition aus; durch Widerspruch gereizt, war er außer Stande seiner leiden=
schaftlichen Natur Zügel anzulegen und es entfuhr ihm die Aeußerung, „die=
ses Lager könne nur ein Dummkopf oder ein Verräther angelegt haben."
Diese Uebereilung zog ihm die kaiserliche Ungnade in so hohem Grade zu,
daß er bei Ausbruch der Feindseligkeiten kein Commando erhielt und Ge=
fahr lief, für immer aus der Umgebung Alexanders entfernt zu werden.
Erst als der Erfolg, die Untauglichkeit der Aufstellung bei Drissa bestätigte,
kam er wieder zu Gnaden und wurde zum kaiserlichen General=Adjutanten
befördert.

Nach der Einnahme Moskaus war die Bestürzung in St. Petersburg
bekanntlich so groß, daß wiederholt davon die Rede war, den kaiserlichen
Hof nach Finnland zu flüchten. Diesem Plan widersetzte Paulucci sich mit
all' der ihm eigenthümlichen Energie und Beredtsamkeit; er wurde nicht
müde, den Kaiser auf die Unhaltbarkeit der französischen Besetzung Mos=
kaus, die Nothwendigkeit einer baldigen Räumung dieser Stadt und die
günstigen Chancen hinzuweisen, die nach Eintritt der strengen Jahreszeit
der Sache Rußlands zu Theil werden müßten. Der Kaiser gab nach und
beschloß abzuwarten; als Paulucci's Voraussagungen schon in der zweiten
Hälfte des Septembermonats eingetroffen waren, wurde dieser sein er=
klärter Günstling, der Mann seines unbeschränkten Vertrauens. Als
solchem übergab der Kaiser ihm das durch die Entlassung Essens vacant

gewordene General=Gouvernement und Oberkommando von Liv= und
Kurland, das Paulucci am 24. Oct. a. St. zuvörderst als „Kriegsgouver=
neur und Civiloberbefehlshaber" antrat und siebenzehn Jahre lang als
Generalgouverneur in mustergiltiger Weise verwaltete.

Paulucci war eine jener geborenen Herrschernaturen, wie sie nur selten
vorkommen. In untergeordneten Stellungen außer Stande sich geltend zu
machen, weil ihm das Talent des Gehorsams mangelte, schien der Marquis
das bekannte „Tel brille au premier rang, qui s'éclipse au second"
zu seinem Wahlspruch gemacht zu haben. Erfüllt von den philosophischen
Ideen des 18. Jahrhunderts und in Macchiavellistischen Traditionen groß
geworden, gab es für ihn keine niedere Moral, kein anderes Gesetz, als
den öffentlichen Nutzen und das Bewußtsein, mit einer ungewöhnlichen
Begabung für die Förderung dieses Nutzens auch das Recht auf eine Stel=
lung außerhalb des bürgerlichen Sittengesetzes erworben zu haben. Die
Menschen galten ihm als solche Nichts, nur ihre Leistungen und Talente
kamen in Betracht, nur nach diesen beurtheilte und behandelte er sie. Im
Bewußtsein großen Zwecken zu dienen, war er in der Wahl seiner Mittel
an keine Rücksicht gebunden. Mit einem durchdringenden Verstande, einem
eisernen Charakter und einer kolossalen Arbeitskraft begabt, besaß er die
seltene Fähigkeit, sich in kürzester Frist mit Verhältnissen, die ihm völlig
fremd waren, bis ins Einzelnste vertraut zu machen. Daß er zugleich das
Talent hatte, sich überall mit den rechten Männern zu umgeben und in
dieser Beziehung nie zu irren, verstand sich bei einem Manne von selbst,
der in einem Lande, dessen Sprache er eben so wenig kannte, wie die Rechts=
anschauungen, Lebensformen und Eigenthümlichkeiten seiner Bewohner,
eine der ersten Stellungen einnahm und siebzehn Jahre lang behauptete.
Bei der Wahl seiner Umgebung und seiner Beamten sah er ausschließlich
auf die Fähigkeiten der Bewerber; ihre sittlichen Eigenschaften waren ihm
gleichgiltig (wie den meisten Politikern der alten Schule). Seine zügellos
leidenschaftliche Natur wurde von einem kalten nüchternen Verstande, wenn
nicht immer beherrscht, so doch vor Ausschreitungen bewahrt. Gleich den
meisten Staatsmännern des 18. Jahrhunderts ohne Sinn für die strengen
Formen des Rechts, dabei despotisch gegen seine Untergebenen, gegen
höher gestellte Personen in der Regel häufig hochfahrend und schroff, re=
präsentirte der Marquis Paulucci jene Schule administrativer Talente,
die bewußt oder unbewußt den großen Preußenkönig zum Vorbilde hatte.

In dem Vollgefühl des unumschränkten Vertrauens seines Monarchen, kannte der Marquis keine andere Autorität als seine eigene; seiner hochfahrenden, despotisch-rücksichtslosen Art wie seines maßlosen Jähzorns, seiner Habsucht und seines Geizes wegen in den baltischen Provinzen am Anfang seiner Laufbahn wenig beliebt, erwarben ihm sein administratives Genie und seine rastlose Thätigkeit für das öffentliche Wohl binnen weniger Jahre das vollste Vertrauen, die allgemeinste Anerkennung. In Allem, was er that und ließ, war Methode; sein Despotismus und seine Gleichgiltigkeit gegen die Alltagsmoral standen im Großen und Ganzen im Dienst höherer Zwecke und wurden durch seine rücksichtslose Hingabe an diese reichlich aufgewogen. Man wußte, daß er nie nutzlose Opfer und Anstrengungen verlangte, daß er selbst bei der Verfolgung selbstsüchtiger Absichten methodisch und mit möglichster Schonung des öffentlichen Nutzens verfuhr und daß er die complicirten und eigenartigen Verhältnisse und Bedürfnisse der ihm anvertrauten Provinzen mit dem Scharfblick des Genies in ihrem Wesen erkannt hatte und darum gehorchte man ihm gern.

Als Paulucci im October 1812 nach Riga kam, war er weder der deutschen Sprache, in der alle Geschäfte geführt wurden, noch der russischen Sprache, deren er als Militäroberbefehlshaber beburfte, mächtig. Ein schlechtes, italienisch-corrumpirtes Französisch war das einzige Mittel, durch welches er sich verständlich machen konnte, von einer Bekanntschaft mit den complicirten Rechts- und Verfassungsverhältnissen der Ostseeprovinzen war vollends nicht die Rede. Binnen Jahr und Tag kannte er Liv- und Kurland genauer als die meisten Landeskinder und seine siebzehnjährige Verwaltungsperiode, in welche u. A. die Aufhebung der Leibeigenschaft in Liv-, Est- und Kurland, die Neugestaltung Rigas, die Organisation des Volksschulwesens u. s. w. fielen — ist an der Ostsee noch heute unvergessen: er war unstreitig der bedeutendste General-Gouverneur, den die Ostseeländer jemals besessen und hat sich um dieselben große, ja unvergängliche Verdienste erworben. Seine nahen Beziehungen zum Kaiser machten ihn zum fast unbeschränkten Beherrscher von zwei, später vier ausgedehnten Provinzen: diese Stellung machte er in erster Reihe gegenüber den centralisirenden Bestrebungen einzelner Minister geltend. In richtiger Würdigung der Verhältnisse, war er von der Erkenntniß durchdrungen, daß die auf germanischer Basis erwachsene Eigenthümlichkeit der deutschen Provinzen Rußlands, die Anwendung eines großen Theils der für das gesammte Reich

erlassenen Bestimmungen ausschließe. Einmal von der Nothwendigkeit
einer gewissen Ausnahmestellung seines Regierungsbezirks überzeugt, war
er der Mann, dieselbe, wo es ihm nöthig schien, rücksichtslos zu wahren:
Petersburger Befehle, deren Ausführung ihm nicht passend erschien, wur=
den kaltblütig ignorirt oder, mit kurzen Randglossen versehen, an ihre
Urheber zurückgesandt. Bis in die höchsten Kreise hinauf war der sar=
kastische, rücksichtslos=eigenmächtige Italiener so gründlich gefürchtet, daß
man ungern mit ihm in Conflict gerieth und lieber nachgab, als sich seiner
Feindschaft und seinen Intriguen aussetzte. Häuften die Klagen über den
ungehorsamen General=Gouverneur sich all' zu hoch an, so unternahm
dieser eine jener Reisen nach St. Petersburg, die niemals resultatlos
blieben und von denen er triumphirend in seine Dünaresidenz zurückkehrte.
Ein Fremdling ist er dieser freilich immer geblieben; die Behaglichkeit und
Breite des nordischen Lebenszuschnitts stand zu seiner scharf ausgeprägten,
kernigen Natur in zu ausgesprochenem Gegensatz, um eine Vermittelung
möglich zu lassen. Die Kotzebue'sche verwässerte Gemüthlichkeit und Sen=
timentalität der deutschen Art jener Zeit, war dem kalten, auf den uner=
bittlichen Ernst des Lebens gerichteten Sinn des alten Italieners ebenso
antipatisch, wie die hanseatische Ueppigkeit und Verschwendung der reichen
Handelsstadt, in der er lebte. Nach italienischer Weise geizig und hab=
gierig, hatte der Marquis seinen steten Aerger an der thörichten Verschwen=
dung und Ueppigkeit der reichen Rigaer Handelsherren, die wiederum
ihrer Seits an der Filzigkeit des General=Gouverneurs Anstoß nahmen
und dessen rücksichtslose Habgier fürchteten. In den Traditionen der großen
Künstler und Gelehrten seines Vaterlandes erwachsen, sah der Marquis
mit kaum verhohlener Verachtung auf das nordische Barbarenthum und
die deutsche Geschmacklosigkeit seiner Umgebung herab, die es sonst gewohnt
war, ihren russischen General=Gouverneuren durch ihre gediegene, auf den
Grundlagen einer nach Jahrhunderten zählenden Cultur erwachsenen Bil=
dung zu imponiren. Charakteristisch für ihn war es in dieser Beziehung,
daß er einen jungen Beamten, den er einst in einem öffentlichen Garten bei der
Lectüre des Juvenal betroffen hatte, beständig mit achtungsvoller Freund=
lichkeit auszeichnete und heranzog. — Bei den unteren Ständen der rück=
sichtslosen Strenge wegen beliebt, mit der er gegen Beamte und Macht=
haber aller Kategorien verfuhr, wenn diese gegen die strenge Ordnung
verstießen, die er gehandhabt wissen wollte, war er namentlich beim Adel

seiner hochfahrenden Art wegen ziemlich unpopulär; der Liebenswürdigkeit, welche selten, aber dann mit unwiderstehlichem Zauber aus dieser strengen, kalten Hülle hervorbrach, konnte freilich Niemand widerstehen! Er war — um die Quintessenz seines Wesens zusammenzufassen — ein Mann, dessen Wesen trotz alles Egoismus und aller sittlichen Indifferenz unter der Zucht eines Verstandes standen, dessen strenge Logik immer wieder zu der Förderung des Guten drängte und der darum innerhalb der Sphäre seiner Thätigkeit mehr gefördert und geleistet hat, als zahllose jener Durchschnittsmenschen, deren Sittlichkeit nicht sowohl Resultat der Erkenntniß, als Ausfluß einer gutartigen Anlage ist.

Trotz eines bedeutenden taktischen Scharfblicks und gründlicher militärischer Bildung war der Marquis ein ziemlich mittelmäßiger Soldat. Ihm fehlte die Lust am Kriegshandwerk, die Energie des rücksichtslosen Dreinschlagens. Man that ihm Unrecht, wenn man ihm persönlichen Muth ganz absprach, — auch dieser stand ihm unter Umständen zu Gebot — es gebrach ihm aber die physische Stärke und nervöse Spannkraft des Helden, das Talent der directen Führung und Beeinflussung seiner Truppen — er war ein schlechter Capitän. Von einem moralischen Muth und einer Charakterstärke, die ihres Gleichen suchten, war er doch physisch nicht geeignet, den Strapazen und Gefahren des Soldatenlebens auf die Dauer Trotz zu bieten, auch auf dem militärischen Gebiet bestand seine Hauptstärke in dem organisatorischen und administrativen Talent. Ob er sich und seine Fähigkeiten im Uebrigen auch richtig zu beurtheilen wußte, sein Ehrgeiz war doch zu mächtig, als daß er nicht auch ein großer Feldherr hätte sein wollen. Seine „Campagne de Memel", auf welche wir ihn zu begleiten haben, war ein Thema, von dem er auch in späteren Jahren gern und oft sprach und seine Ruhmredigkeit bezüglich dieser, vielleicht die einzige lächerliche Seite, die ihn in den Augen seiner Umgebung herabzusetzen geeignet war. Er gefiel sich darin von der Einnahme jener, von einer nur 700 Mann starken Garnison besetzten Stadt, wie von einem militärisch bedeutenden Ereigniß zu reden und ist vielleicht niemals mit größerem Selbstgefühl in seine bewundernde Hauptstadt eingezogen, als an der Spitze jener Bataillone, die ihn zum Triumphator von Memel gemacht hatten.

Wie wir wissen, hatte bereits Paulucci's Vorgänger, der General Essen, wiederholte Versuche gemacht, um mit York Verbindungen anzu=

knüpfen. Das Terrain, welches die beiden feindlichen Lager trennte, war geheimen Verhandlungen besonders günstig: eine fünf Meilen lange, spärlich bewohnte, zum Theil waldbedeckte Ebene verbindet das linke Dünaufer mit der Aa, an deren linkem Ufer Mitau belegen ist. Die preußischen und die russischen Vorposten standen einander längs der Grenze Liv- und Kurlands gegenüber und konnten in den stillen Wäldern und auf den schneebedeckten öden Flächen, ohne irgend beobachtet zu werden, zu einander in Beziehung treten. Die zahlreiche, mit den Verhältnissen genau bekannte jüdische Bevölkerung Mitaus bot überdies ein überreiches und zuverlässiges Material für geheime Botendienste und verschwiegene Mittheilungen. Endlich war die Zahl der in der Besatzung Rigas dienenden Liv-, Est- und Kurländer, sowie der in russische Dienste getretenen ehemaligen preußischen Offiziere so bedeutend, daß der Wunsch, sich mit dem preußischen General ins Vernehmen zu setzen, auch in den Offizierskreisen allgemein getheilt wurde und daß die Geneigtheit des Oberbefehlshabers zu einer solchen zahlreiche bereitwillige Organe fand.

Daß mit plumpen Versuchen, die Preußen zur Desertion zu verführen, Nichts auszurichten sei, hatten die zahlreichen Erfahrungen bewiesen. Es kam — sollten die Verhandlungen mit ihnen überhaupt zu etwas führen, vor Allem darauf an, die preußischen Führer über die wirkliche Lage der Dinge aufzuklären und sie, denen nur französische Berichte von Zeit zu Zeit zukamen, mit den traurigen Geschicken, welche die große Armee seit der Räumung Moskaus erlitten, bekannt zu machen. Zur Erreichung dieses Zweckes berief Paulucci — der sich außerordentlich schnell orientirt hatte — wenige Tage nach Antritt seines Amts Merkel aus Dorpat nach Riga zurück. Ueber das Weitere lassen wir diesen selbst berichten, indem wir nur noch hinzufügen, daß auch die vorstehenden Versuche zur Charakteristik Paulucci's zum großen Theil verschiedenen Aufzeichnungen, die Merkel (der, wie wir weiter unten sehen werden, bereits vor zwanzig Jahren daran dachte, eine Geschichte der York'schen Convention zu schreiben), hinterlassen hat, entlommen und durch Mittheilungen zuverlässiger Zeitgenossen vervollständigt worden sind.

„Mein erstes Zusammentreffen", so fährt Merkel in seinem oben begonnenen Bericht über Paulucci's Aufforderung zur Rückkehr nach Riga fort, „mit diesem genialisch-praktischen Geiste ist mir immer eine der interessantesten Erinnerungen geblieben.

Wenige Stunden, nachdem ich die dreißig Meilen von Dorpat nach
Riga zurückgelegt hatte, ging ich gegen Abend aufs Schloß. Der Mar=
chese war für den Augenblick nicht frei, sagte man mir, aber ich wurde in
ein besonderes Cabinet geführt und der Obrist von Elesparre, der sich ge=
rade im Vorsaale befand, ersucht mir Gesellschaft zu leisten.

Nach ungefähr einer halben Stunde wurde ich zum General=Gou=
verneur gerufen. Er empfing mich mit einer fast freudigen, achtungsvol=
len Zuvorkommenheit, führte mich in sein Cabinet, setzte sich mit mir
aufs Sopha und überhäufte mich mit Complimenten, die mich in Ver=
legenheit setzten, aber mich zugleich mißtrauisch machten. Ich erklärte mich
daher, als er mich aufforderte, in Riga zu bleiben und meine Zeitung
selbst zu redigiren, zwar bereit, seinen Befehlen zu gehorchen, fügte aber
hinzu, das Blatt sei bisher von meinem Schwager so sorgfältig und gut
redigirt worden, daß ich es nicht glaubte besser machen zu können, und die
Trennung von meiner Familie würde mich sehr geniren. „Ja, antwortete
er, der „Zuschauer" meldet sehr gut und verständig, was vorgegangen
ist, aber ich wünschte, daß Sie selbst schreiben, was nicht nur hier die Ein=
wohner ermuntert, sondern was auch draußen auf die Preußen wirkt,
was die Preußen zu unseren Freunden macht." — Ich wies ihn auf die
mir bisher auferlegten Beschränkungen hin. „Das waren Dummheiten",
rief er in seinem gebrochenen Deutsch, „schreiben Sie was Sie wollen
und wie Sie wollen." „Aber die Preußen werden nicht zu lesen bekommen,
was ich schreibe", wandte ich weiter ein. „Dafür ist schon gesorgt", ant=
wortete der General=Gouverneur.

Ich sah ihn mit großen Augen an. Nach kurzem Nachdenken errieth
ich, was er im Sinne hatte, ohne daß er mir es aussprach und mit dem
freudigsten Eifer ging ich darauf ein; und mit der Ueberzeugung, daß ich
mir zwar völlig freie Hand für mein Verfahren und eine Weisung an den
Censor erbat, mich nicht zu stören, aber keine Entschädigung dafür, daß
ich, von meiner Familie getrennt, in dem damals sehr theuern Riga zur
Miethe und in dem Gasthause leben solle. Paulucci bot mir auch keine an.

Ich entwarf nun meinen Operationsplan, ohne ihn dem Marchese
oder irgend Jemand mitzutheilen; denn immer hab' ich gefunden, daß die
Einmischung fremder Ansichten, auch wenn ich sie noch so gründlich wider=
legen konnte, mich in den meinigen irre machten und daß es mich für mei=
nen Plan erkältete, wenn ich einen Mitwisser hatte.

Ein directer Aufruf an die Preußen überhaupt, oder auch bloß an die in der Nähe stehenden, wäre er auch noch so kräftig und beredt gewesen, hätte höchstens eine kurze fruchtlose Wirkung thun können, die Truppen ihre Waffen gegen die Franzosen zu erheben, ja er konnte nur nachtheilige Folgen haben. Von der einen Seite hätten im preußischen Lager selbst Viele ihn als einen plumpen, beleidigenden Versuch angesehen, sie zum Ungehorsam gegen ihren König zu verleiten, und alle Anderen wären ..... *) gewesen, Etwas zu thun; von der andern Seite wäre das Mißtrauen der Franzosen zu ..... *) Maßregeln aufgereizt worden, die Alles vereiteln konnten. — Ich beschloß, die lange Proclamation, die ich hätte geben können, in tausend kleine zu zerlegen, die, in immer neuen Gestalten wiederkehrend, bei den Preußen selbst die Gedanken erwecken sollten, die ich nicht aussprechen wollte. Von dem Tage an, da ich die Redaction des „Zuschauers" wieder übernahm**), bestand sein Inhalt fast nur aus Siegesbulletins, dergleichen täglich einliefen, und aus „Vermischten Nachrichten", die immer eine Reihe von Sarkasmen gegen Napoleon und die Franzosen, von charakteristischen Anekdoten des schmählichen Uebermuths und der Unterdrückung, die sie in Deutschland und besonders in Preußen geübt; von Betrachtungen über die herabwürdigende Rolle, welche die tapferen Deutschen und besonders die so tief gekränkten preußischen Truppen als Kriegsknechte Napoleon's spielten, von Erinnerungen an die aus Gram gestorbene Königin u. s. w. Selbst die Bannbulle des Papstes, die nirgends auf dem Continente hatte gedruckt werden dürfen, fehlte nicht. Ein Jesuit, der Beichtvater des Kriegs=Gouverneurs, Pater Quoinze, hatte sie mir zu verschaffen gewußt. Ich verschmähte Nichts, das wirken konnte, außer gemeine Schmähungen; Allem aber, das nicht seiner Natur nach den Ton tiefen Gefühls oder Unwillens forderte, gab ich den des

---

*) Die beiden fehlenden (übrigens leicht zu supplirenden) Ausdrücke waren im Original-Manuscript nicht zu entziffern.
**) Dieser Tag war der 19. Nov./1. Dec. 1812. In der Nr. 723 des „Zuschauers" war nachstehende „Ankündigung" abgedruckt:
„Einer sehr ehrenvollen Aufforderung zu gehorchen und dem Charakter der Zeit gemäß, wird der „Zuschauer" seine ursprüngliche Form und Bestimmung wieder annehmen und außer den politischen und literarischen Neuigkeiten auch historisch-politische Aufsätze enthalten. Der Herausgeber schmeichelt sich, seine patriotische Denkungsart sei zu bekannt, als daß eine nähere Erklärung nöthig wäre."

sarkaſtiſchen Humors: denn ich wußte, ein Tyrann, den die Unterdrückten
verlachen, iſt ſchon halb gerichtet. Kürze und Mannigfaltigkeit und daß
jeder Sarkasmus nur gelegentlich geäußert ſchien, war dabei die Hauptregel.
Der Kriegs=Gouverneur aber, der inzwiſchen ſeine Unterhandlungen mit
General York wieder angeknüpft hatte, ließ jede Nummer meines Blattes
bei Nacht an die preußiſchen Vorpoſten abgeben und der General York
ſandte ſie nach Berlin, wo man mir 1817 noch einen Artikel anführte,
nämlich meine Vertheidigung des Marcheſe gegen die Citation und das
Contumacial=Urtheil, das Napoleon gegen ihn erließ. Ich will ſie weiter=
hin mittheilen, als Probe meines Verfahrens.

Die Wirkung, die der „Zuſchauer" im preußiſchen Lager machte,
muß meine lebhafte Erwartung übertroffen haben, denn der Kriegsgou=
verneur brach einmal, wie mir der General=Superintendent Sonntag
erzählte, in deſſen Gegenwart, nach Eröffnung einer Depeſche in die Worte
aus: „Merkel hat mir größere Dienſte geleiſtet, als ein Corps von
20,000 Mann!" Wirklich fielen ſchon kleine Gefechte im feindlichen
Lager vor zwiſchen den Preußen und Franzoſen, und die Unterhandlungen
nahmen einen neuen lebhaften Aufſchwung. — Vielleicht war es folgende
Betrachtung (im „Zuſchauer" vom 10. Dec./28. Nov.) oder eine ähn=
liche, die nach Paulucci's Anſicht ſo viel auf die Stimmung der Preußen
gewirkt hatte:

„Ob die preußiſchen Truppen es wiſſen mögen? Napoleon ſelbſt
konnte in ſeinen Proclamationen keine andere Urſache zum gegenwärtigen
Kriege anführen, als: „Rußland habe verlangt, er ſolle dem Könige von
Preußen ſeine Feſtungen und Provinzen zurückgeben". Gegen wen fechten
die Preußen alſo? Gegen ſich ſelbſt. — Das iſt die tiefſte Erniedrigung,
die dieſem heldenmüthigen Volke noch widerfahren iſt. — Einziger F r i e d =
r i ch, und Ihr ſeine erhabenen Gefährten in Kampf und Sieg, S ch w e =
r i n und Winterfeld, S e i d l i tz und Z i e t h e n! Blickt nicht herab
auf die Gegenwart! Trotz Eurer Verklärung würdet Ihr erröthen. Auch
Du nicht, noch immer ſo ſchmerzlich beweinte, liebenswürdige und groß=
geſinnte L o u i s e, der Napoleon's roher Uebermuth das Herz gebrochen
hat. — Unſterblicher S ch i l l! Biſt Du der letzte wahre Preuße geweſen?
Daß einſt ein fremder Despot Deine tapferen Gefährten für ihre Vater=
landsliebe auf die Galeeren ſchicken durfte, war gräßlich; aber daß jetzt
auf den Befehl deſſelben Despoten die preußiſchen Truppen eine befreun=

dete Nation bekriegen müssen, weil ihr großmüthiger Monarch nicht länger dulden wollte, daß Preußen gemißhandelt und unterdrückt würde: welche namenlose Schmach! Du sahst sie voraus und erlagst, wie Brutus, in dem Versuch, sie abzuwenden!"

In der That bin ich stolz genug zu glauben, daß Aufsätze dieser Art, noch dazu aus dem feindlichen Hauptquartier, wohl im preußischen Lager wirken konnten und mußten. Daß dieser es that, werden auch die Leser wahrscheinlich finden, wenn sie in nachstehender Correspondenz den Brief des General York vom 16./4. December mit dem vorhergehenden vom 8. Dec./26. Nov. vergleichen. In der Zwischenzeit war mein Aufsatz im „Zuschauer" erschienen und mit einem neuen, am folgenden Tage vom Kriegsgouverneur geschriebenen Memoire ins preußische Hauptquartier befördert. — Ich ließ ihm viele ähnliche folgen, und als durch die Entfernung des Feindes die Aussicht gewonnen war, daß meine Stimme auf mehreren Wegen nach Deutschland durchbringen könne, schrieb ich eine Uebersicht der Lage Europas im Dec. 1812 und Anderes, worin ich zuerst die Deutschen zu allgemeiner Erhebung und fast Zug vor Zug zu dem aufforderte, was sie wenige Monate nachher wirklich thaten. — Weil ich sie dazu aufgefordert hatte? — Nein! die Erscheinung beweiset mir nur, daß ich richtig errathen hatte, was zu thun sei und geschehen könne. Darüber aber, daß mein Blatt wirklich nach Deutschland durchgedrungen sei, erhielt ich 1817 ein mich sehr erfreuendes Zeugniß. Ein Hofrath Müller, mit dem ich zufällig zusammen kam, sagte mir, er habe im Interesse des Tugendbundes 1813 Deutschland durchwandert und dabei meine Blätter immer in der Tasche gehabt.

Die Unterhandlung mit dem General York nahm jetzt einen so glücklichen und entschiedenen Fortgang, daß er bei seinem Aufbruche aus Mitau die völlig verabredete und entworfene Convention mit sich nahm und nur die Rückkehr seines Adjutanten, des Rittmeisters Seydlitz, aus Berlin erwartete, um sie zu unterzeichnen. Schon bei dem zweiten Tagesmarsche trennten sich die Preußen, in zwei Corps getheilt, von Macdonald und marschirten abgesondert. Sie durchzogen Kurland mit der äußersten Langsamkeit, ja, als sie sich der preußischen Grenze näherten, machten sie förmlich Halt; denn jenseits derselben wäre kein Anlaß mehr zum Abschluß der Convention gewesen. Mit gleicher Ungeduld wohl erwartete General York seinen Adjutanten und ein russisches Corps, das

sich ihm in den Weg stelle, damit er abgeschnitten scheine. Zwar hatte Paulucci, jetzt nicht mehr Kriegs=, sondern schon General=Gouverneur von Liv= und Kurland, den General Löwis mit angeblich zehn, aber eigentlich wohl nur sechs= bis siebentausend Mann zur Verfolgung der Abziehenden ausgesandt und war selbst längs der Küste neben den Preußen in Eilmärschen vorübergezogen und hatte Memel eingenommen, wie er sagte, um ihnen den Weg übers Haff abzuschneiden. Aber er hatte nur 1800 Mann bei sich, welche die 26,000 Preußen leicht hätten aufheben können, und den Weg über die öde Nehrung zu nehmen, konnte ihnen wohl nicht einfallen. Endlich traf der Adjutant ein und fast zu gleicher Zeit auch Diebitsch und stellte sich auf dem Wege nach Tilsit auf. Zwar hatte auch er nur ungefähr 6000 Mann, aber es war doch ein Corps, und York beeilte sich, mit ihm die Convention zu unterschreiben, die der Marchese Paulucci bewirkt und verabredet hatte. — Dieses Fehlschlagen der Hoffnung, sein Werk mit seinem Namen in die Geschichte eintragen zu sehen, kränkte den Marchese tief, und erbitterte ihn gegen Preußen in dem Grade, daß er es noch lange nachher auf manche Art an den Tag legte, die ihm selber nachtheilig wurde, — ungeachtet Kaiser Alexander den geleisteten Dienst sehr großgesinnt belohnte, nicht blos durch Begabungen, ungeachtet er deren sehr reiche erhielt, sondern auch durch Ertheilung des General=Gouvernements aller drei Ostseeprovinzen und Pleskows, vorzüglich aber als glänzendste Auszeichnung, durch das huldvolle unbeschränkte Vertrauen, das der Monarch bis an seinen Tod ihm schenkte.

Einige Monate nach Abschluß der Convention gab Paulucci mir eine von ihm selbst verfertigte Abschrift der ganzen über sie geführten Correspondenz mit der Erlaubniß, eine Copie zu nehmen. Er fügte hinzu, drucken lassen sollte ich sie nicht. Ich versprach es, aber ich glaubte nie, daß er annahm, ich werde mein Versprechen halten. Ich that es indeß dreißig Jahr; jetzt aber*), da die Zeit und der Strom der Begebenheiten alle Rücksichten dabei beseitigt und der General Danilewsky in seiner trefflichen, auf Befehl des jetzigen glorreichen Monarchen Rußlands verfaßten „Geschichte des Feldzugs von 1812" die Hauptzüge der Entstehung der Convention, wie sie aus den nachstehenden Briefen hervorgehen, angeführt hat, glaube ich der Geschichte nicht länger das Detail einer Be=

---

*) Dieser, in Merkel's Nachlaß aufgefundene Bericht ist undatirt.

gebenheit vorenthalten zu sollen, ohne welche, so klein sie jetzt erscheint, die Befreiung Deutschlands und die jetzige Gestaltung Europas erst sehr spät oder gar nicht möglich gewesen wäre." —

So Merkel. Wir haben seinem etwas ruhmrednerischen Bericht Mancherlei nachzutragen, einmal um den Inhalt desselben auf das richtige Maß zu reduciren und zweitens um seine einzelnen Behauptungen durch Mittheilungen aus dem Zuschauer, wie durch Nachträge aus den verschiedenen Aufzeichnungen, die Merkel über den in Rede stehenden Gegenstand hinterlassen, zu vervollständigen. — Warum er seinen Plan, die ihm mitgetheilten Actenstücke sammt einem Commentar, der durch den vorstehenden Aufsatz eingeleitet werden sollte, selbst herauszugeben, in der Folge aufgegeben, ist leider nicht zu ermitteln gewesen.

Daß Paulucci den ihm von Merkel geleisteten Diensten eine gewisse Bedeutung zugeschrieben hat, dürfte schon durch die Thatsache der Mittheilung seiner geheimen Correspondenz bewiesen sein; aller Wahrscheinlichkeit nach hat der ehrgeizige Italiener sich mit der Hoffnung geschmeichelt, durch eine Publication Merkel's würden seine Verdienste um die Convention von Tauroggen dereinst in ein möglichst helles Licht gestellt werden. Der „Zuschauer" selbst bietet in seinen Nummern vom December 1812 und Januar 1813 aber noch mannigfache Belege dafür, daß sein Herausgeber sich der ihm gewordenen Aufgabe mit vielem Geschick entledigt hat. Die York mitgetheilten russischen Armeebulletins, von denen dieser selbst in seinen Briefen an Paulucci spricht, sind ihm ausschließlich durch die im Zuschauer veröffentlichten deutschen Uebersetzungen und Bearbeitungen bekannt geworden. Daß York selbst durch die in jenen Blättern abgedruckten Merkel'schen Artikel beeinflußt worden sei, ist allerdings nicht wahrscheinlich: zu diesem eisernen Charakter mußten Thatsachen reden, wenn Wirkungen erzielt werden sollten. Auf York's Umgebung und die Stimmung der preußischen Armee, deren Offizieren jene Blätter auf Paulucci's Anordnung heimlich zugetragen wurden, sind die von Merkel ausgestreuten Ideen aber schwerlich ohne Einfluß verblieben; sprach er doch nur aus, was in dem Herzen jedes Patrioten längst geschlummert hatte. Die eigenen wohlbewachten geheimsten Gedanken offen verkünden zu hören, ist aber niemals ohne Wirkung, am wenigsten in einer Zeit, die Zündstoff genug aufgehäuft hatte, um von einem Funken in Brand gesteckt zu werden!

Die erste der von Merkel herausgegebenen Nummern des Zu=
schauers ist York und seiner Umgebung gemeinsam mit Paulucci's Schrei=
ben vom 19. Nov./1. Dec. (Nr. 7 unserer Sammlung) zugekommen. Sie
enthielt u. A. Kutusow's Bericht über die Schlacht bei Krasnoy und die
Gefechte bei Smolensk, sowie Berichte Wittgenstein's über dessen Siege
vom 8. und 9. November. Eine angehängte Notiz über die Opfer, welche
die Stadt Berlin vom März bis zum September 1812 der französischen
Einquartirung gebracht, war offenbar auf die preußischen Leser des Blattes
berechnet. — Die nächste Nummer desselben Blattes (d. d. 21. Novemb.
a. St.) enthält neben neuen Bulletins über weitere russische Siege nach=
stehenden Passus:

„Es heißt: aus Furcht, die Deutschen Truppen könnten endlich alle
so vernünftig sein, nicht mehr für ihn fechten zu wollen, hat Napoleon
eine große Anzahl Proclamationen drucken lassen, worin er sie wegen der
alten Nationaltugend der Deutschen, ihrer Anhänglichkeit und Treue für
ihre Fürsten lobt. Das wäre doch sehr unvorsichtig! Wer sind denn die
rechtmäßigen Fürsten der Hannoveraner, Hessen, Oldenburger, Magde=
burger u. s. w.? Und könnten diese und selbst die Sachsen, Preußen,
Würtemberger und Baiern kräftiger und edler die Treue gegen ihre Fürsten
beweisen, als wenn sie bis auf den letzten Blutstropfen gegen den Unter=
drücker derselben, gegen Napoleon kämpften?"

Jede neue Nummer brachte die Kunde neuer russischer Siege, neuer
Belege für die gänzliche Auflösung der französischen Armee, daneben sa=
tirische Commentare zu den von den Napoleonischen Bulletins ausge=
streuten falschen Nachrichten. Auch die Malet'sche Verschwörung, von der
man im preußischen Hauptquartier damals kaum etwas gehört haben
mochte, war ein Gegenstand, auf den der „Zuschauer" mit Vorliebe
zurückkam, um daran zu erinnern, daß sich in Frankreich selbst eine Reaction
in der öffentlichen Meinung zu Ungunsten des „Usurpators" vorbereite.
Ohne Wirkung möchte es ferner nicht gewesen sein, daß die Preußen nie=
mals zu den wirklichen Feinden Rußlands und der guten Sache gezählt,
sondern bei jeder Gelegenheit der mannhaften Zurückhaltung wegen ge=
rühmt wurden, mit welcher sie jede nähere Annäherung des französischen
Machthabers zurückwiesen. So wird u. A. gemeldet, daß die französischen
Orden und Titel, mit denen Grawert und York für ihre Siege in Kur=
land belohnt werden sollten, schwerlich angenommen werden würden.

„Napoleon will die Souveränitätsrechte des Preußischen Königs schmälern, sich durch die Belohnung preußischer Generale eine Hoheit über den Monarchen selbst anmaßen. Die Zeit ist indessen wohl nicht fern, da der König von Preußen und alle deutschen Regenten solche Arroganzen zurückweisen und ihren Unterthanen verbieten werden, etwas von Napoleon anzunehmen."

Ein anderes Mal wurde berichtet, bei Ertheilung von Erfrischungen würde im Rigaer Militärhospital kein Unterschied zwischen Preußen und Russen gemacht: „Ihr Preußen seid nicht unsere Feinde. Ihr habt nur das Unglück, für Eure Feinde gegen Rußland zu fechten." Keine Veranlassung wird unbenutzt gelassen, um auf die Erniedrigungen hinzudeuten, denen die deutschen Alliirten Napoleon's ausgesetzt seien. In Moskau war der russische General von Winzingerode, ein geborener Hannoveraner, gefangen genommen und vor den französischen Kaiser geführt worden, der ihm gesagt, er werde ihn als Verräther niederschießen lassen, denn „ob er Sachse oder Baier sei, er sei unter allen Umständen sein Unterthan." „Hört ihn, hört ihn, deutsche Fürsten, die Ihr von Souveränität träumt!" Keine Manifestation in Wien, Berlin oder Dresden legte von der erwartungsvollen Ungeduld der deutschen Patrioten Zeugniß ab, die nicht im Zuschauer registrirt und commentirt worden wäre, um in das preußische Lager getragen zu werden: mit Jubel wird die festliche Erleuchtung Wiens nach der französischen Niederlage bei Smolensk berichtet, der Fortschritte des Tugendbundes und der Sympathien gedacht, die man an der preußischen Grenze den Russen entgegengetragen. Von noch weitergehender Bedeutung war aber der in der letzten Decembernummer des Zuschauers abgedruckte Aufsatz: „Die Lage Europas im December 1812", der namentlich in Ost- und Westpreußen vielfach verbreitet wurde und mit glühender Begeisterung zur Erhebung aller Deutschen gegen das französische Joch aufrief. Nicht mit Unrecht konnte Merkel diesen Aufsätzen nachrühmen, sie hätten eine Vorhersagung dessen enthalten, was in den folgenden Jahren wirklich geschah.

Die vorstehenden Anführungen werden, so flüchtig sie auch sind — hinreichen, Charakter und Tendenz des Zuschauers zu kennzeichnen; wollten wir weitere Beweise dafür anführen, daß er alle der damaligen Zeit zu Gebote stehenden publicistischen Mittel zur Weckung und Förderung des deutschen, zumal des preußischen Nationalgefühls anwandte, so würden

unsere Auszüge einen Umfang gewinnen, der ihren Rahmen überschritte. Es
wäre nur noch daran zu erinnern, daß das Merkel'sche Blatt eine Sprache
führte, die an Energie und Rücksichtslosigkeit zu den vorsichtigen Aeußerungen
der geknebelten deutschen Presse im entschiedensten Gegensatz stand und schon
darum nicht ohne Wirkung auf seine Leser sein konnte. Das gute Recht
der geknechteten Völker, den französischen Machthaber und die von diesem
eingesetzten oder beschützten Vasallen Frankreichs mit bewaffneter Hand
zu vertreiben, wird uneingeschränkt und ohne Rücksicht darauf, daß jene
Fürsten ihrer Zeit von Rußland und den übrigen europäischen Mächten
anerkannt worden waren, auf die Fahne gepflanzt und freimüthig erörtert.
Mit großem Geschick wird endlich dagegen Alles vermieden, was die
preußischen Leser gegen Rußland und seine Armeen mißtrauisch machen
konnte; nirgends das deutsche Nationalgefühl durch überschwängliche An=
preisung der russischen Macht oder des russischen Waffenruhms verletzt
oder provocirt. Mit ungeschminkter Anerkennung erwähnt der Verfasser
vielmehr der Lorbeeren, die sich die deutschen Hilfstruppen auch in Ruß=
land erworben, spricht er sein Bedauern darüber aus, daß sie überall an
die gefährlichsten Posten gestellt werden, um ihren Todfeind zu decken, ihr
kostbares Blut für ihn zu verspritzen. Konnte mit publicistischen Mitteln
überhaupt auf die Stimmung der preußischen Truppen gewirkt werden, so
waren die von Merkel ins Treffen geführten gewiß die richtigen. Sein
jahrelanger Aufenthalt in Berlin, seine genaue Kenntniß der preußischen
Armeezustände und ihrer Traditionen befähigten ihn, Saiten anklingen
zu lassen, die in jedem preußischen Herzen nachklingen mußten! Dieser
Umstand erklärt es dann auch, daß der Zuschauer während der Jahre
1812 und 1813 in den Provinzen Preußens eine Verbreitung gewonnen
hatte, wie sie nie wieder von einem in Kur= Est= Livland erscheinenden
Journal erworben worden ist. Die günstige Stimmung, mit der man
das erste Erscheinen der Russen an der preußischen Grenze begrüßte,
ist sicherlich von der klugen und doch leidenschaftlichen Sprache, die das
Rigaer Blatt damals führte, mit bedingt gewesen. Nicht, daß dasselbe
selbstständig für sich etwas gewirkt hätte; es traf mit den großen Ereig=
nissen, welche der preußischen Erhebung vorhergingen, zusammen, es hatte
für diese die richtige Sprache gefunden.

An der Hand des Zuschauers, dem durch Paulucci's Vermittelung die Bulletins der verschiedenen russischen Armeecorps regelmäßig einverleibt wurden, können wir nicht nur die Reihe der York zugegangenen Mittheilungen über die große Armee und ihre Vernichtung, sondern auch den Marsch verfolgen, den Paulucci nahm, um den Preußen zuvorzukommen und Memel zu besetzen. Daß die York zugegangenen Berichte über das Geschick der großen Armee auf dessen Entschließungen von maßgebendem Einfluß waren, bedarf keiner Ausführung; die nachstehende genaue Aufzählung der den einzelnen Briefen beigelegten Bulletins rechtfertigt sich darum von selbst. Es wird uns weiter möglich sein, festzustellen, von welchen Orten aus die letzten vor und nach der Tauroggener Convention an York gerichteten Briefe unserer Sammlung datirt sind, was um so wichtiger ist, als in jenen Briefen die Ortsangaben theilweise fehlen. Endlich sind wir durch die Berichte, welche Paulucci dem Kaiser über seine Verhandlungen mit den Preußen machte, in den Stand gesetzt, die Verhältnisse festzustellen, unter denen die ersten Verständigungsversuche unternommen wurden. Wenden wir uns darum zunächst den Briefen selbst zu.

Aus Paulucci's erstem Bericht an den Kaiser, d. d. 6./18. Nov. und 10./22. Nov. (Nr. 2 und 3 unserer Sammlung) geht hervor, daß der Rigaer Militärgouverneur nur im Allgemeinen bevollmächtigt war, mit York zu unterhandeln, der Kaiser sich über Maß und Inhalt der den Preußen zu machenden Zugeständnisse aber nicht genauer ausgesprochen hatte. In dem ersten der an York gerichteten Briefe ist von kaiserlichen Vollmachten noch gar nicht die Rede. Auf seine eigene Gefahr hin, wies Paulucci das von Wittgenstein geäußerte Verlangen, durch Repnin mit York zu verhandeln, zurück (Nr. 6 der Samml.). Während er in seinem zweiten Brief an York (Nr. 7 d. d. 19. Nov. und 1. Dec.) bereits positive Vorschläge macht und die kaiserliche Zustimmung zu denselben andeutet, wissen wir aus dem an den Kaiser gerichteten Paulucci'schen Briefe vom 14./26. Nov. (Nr. 5), daß der Marquis ohne directe Vollmachten war und eben erst um solche gebeten hatte, ja daß ihm noch am 25. Nov./7. Dec. (vergl. den Brief Nr. 10), demselben Tage, an dem er York eine Zusammenkunft zum Abschluß der Verhandlungen vorschlug (vergl. Nr. 11) — alle Instructionen fehlten, so daß er die Bitte um eine Entscheidung auf sein Gesuch vom 14./26. Nov. wiederholen mußte. Es dürfte somit feststehen, daß wie die

Idee einer förmlichen Convention mit den Preußen, so der Gedanke einer Neutralitätserklärung des preußischen Corps wesentlich Paulucci's eigner Initiative entsprungen ist, er seine Vorschläge im Vertrauen auf ihren praktischen Werth und auf die Gefahr hin wagte, von seiner Regierung desavouirt zu werden. Wir überlassen es dem Leser aus diesem Zusammenhang der Dinge Schlüsse auf die Bedeutung dieses Mannes zu ziehen, der in einem absolutistischen Staat, dem er erst seit wenigen Jahren angehörte, den Muth hatte, auf eigene Gefahr einen mit kaiserlichen Vollmachten versehenen Unterhändler (den Fürsten Repnin) zurückzuweisen und von sich aus Versuche zum Abschluß eines Vertrages zu machen, der von den weitgreifendsten Folgen sein konnte. Aber er that noch mehr: um York's Vertrauen zu gewinnen, behält er dessen an Repnin gerichtetes Schreiben ohne Weiteres zurück und schreibt er von empfangenen kaiserlichen Vollmachten, die er in Wahrheit erst erwartet! (vergl. Nr. 7). Daß diese Eigenmächtigkeiten ihm seine Stellung kosten konnte, scheint der Marquis selbst geahnt zu haben; in seinem Bericht vom 25. Nov./7. Dec. (Nr. 10) gesteht er dem Kaiser ein, „er hätte diese Verhandlungen eigentlich nicht fortführen dürfen", habe sich aber gedrängt gefühlt, „über die kleinlichen Erwägungen des Hofmannes hinweg zu sehen". Das zweite an York gerichtete Schreiben Paulucci's die oben erwähnte Nr. 7 unserer Sammlung vom 19. Nov./1. Dec. handelt in ihrem Eingang von „beigelegten Bulletins" über die Auflösung der großen französischen Armee; unter diesen Bulletins können, wenn man das Datum mit den einzelnen Nummern des Merkel'schen Blattes vergleicht, nur die in der Nr. 733 des „Zuschauers" abgedruckten Berichte gemeint sein*). Es enthält diese Nummer außer einem Leitartikel und der ersten der oben erwähnten Merkel'schen Bemerkungen, Kutusow's Bericht über die Schlachten bei Krasnoy und vor Smolensk, über welche York bis dazu noch jede Kunde gefehlt haben mußte, da Macdonald, selbst ohne Depeschen vom Kaiser, auch das preußische Hauptquartier ohne jede Nachricht von dem Schicksal der großen Armee gelassen hatte. Bezüglich der Wirkung, den dieses (durch den „Zuschauer" vermittelte) Bulletin auf die Preußen ausübte, verwei-

---

*) In einer von Merkel hinterlassenen Notiz heißt es ausdrücklich, der Marquis habe ihn berufen, um York die verlangten Armeebulletins in deutscher Bearbeitung zusenden zu können. Diese Notiz ist dem Briefe Nr. 2 unserer Sammlung angehängt.

Seraphim, York und Paulucci.

sen wir auf Paulucci's Bericht vom 25. Nov./7. Dec., die mehrerwähnte Nr. 10 unserer Sammlung, in welchem auf die einschläglichen Berichte Weljäminows bezüglich der Wirkung auf die Preußen Bezug genommen und ausdrücklich gesagt wird, jene Bulletins seien gedruckt worden! Paulucci's drittem Schreiben an York (Nr. 11) sind (wie aus dem Zuschauer von 1812 zu ersehen) beigelegt gewesen: Kutusow's Bericht über die Gefangennehmung Hautrin's, Corsin's und Malachowsky's, so wie im Zuschauer abgedruckte Nachrichten über die Malet'sche Verschwörung und die Hinrichtung Malet's, Lahory's und Guidal's.

Hierauf erfolgte York's Antwort vom 8. Dec./26. Nov. (Nr. 12), in welcher die Absendung des Major Seydlitz gemeldet und Aufschub verlangt wird. Das folgende Schreiben Paulucci's ist vom 29. Nov./11. Dec. datirt (Nr. 13). Der Tags darauf an den Kaiser abgesandte Bericht (Nr. 14) macht es wahrscheinlich, daß der Marquis bei Absendung dieser Nr. 13 endlich im Besitz einer kaiserlichen Antwort war und also jetzt wirklich in kaiserlicher Vollmacht handelte, wenn die Grenzen derselben auch keineswegs genau abgesteckt waren. — Dem Paulucci'schen Brief vom 29. Nov./11. Dec. müssen (der früher getroffenen Vereinbarung gemäß) die Nr. 725 und 726 des Zuschauers beigelegt gewesen sein. Dieselben enthielten Wittgenstein's Bericht über den Sieg bei Borissow, Mittheilungen über die Bewaffnung des russischen Landvolks und die Geschicke der großen Armee, von der Räumung von Smolensk bis zum 13./25. Nov., die Nachricht von der Besetzung Mohilews durch den General Dharowsky, endlich Nachträge über die Malet'sche Verschwörung.

In York's nächstem Brief (d. d. 4./16. Dec. Nr. 15) ist von „zeitig mitgetheilten Nachrichten" die Rede, für welche der preußische General dankt und um deren Fortsetzung er bittet. Wie der dem Text dieses Briefes beigedruckten Note Merkel's zu entnehmen, ist auch hier von Nummern des Zuschauers die Rede. Nach dieser zu urtheilen, waren York bei Abgang seines Schreibens bereits die Nachrichten über den Uebergang über die Beresina zugegangen; der Zuschauer vom 3./15. Dec. enthielt detaillirte Berichte Wittgenstein's und Tschitschagow's über diese furchtbare Katastrophe, die bis zum 20. Nov./2. Dec. liefen. Als York am 8./20. Dec. von Mitau aufbrach, war er durch den Zuschauer vom 5./17. Dec. bereits von der völligen Auflösung der großen Armee, welche den Schreckenstagen an der Beresina folgte, unterrichtet.

Den nächsten Brief Paulucci's (No. 22 d. d. 10./22. Dec.) empfing York am 13./25. Dec. Morgens und zwar durch den Grafen Dohna zu Kiaukalek, woselbst er Abends zuvor nach anstrengenden Märschen angelangt war*). Paulucci hat diesen Brief in Doblen bei Mitau geschrieben**), (das von Kiaukalek nur einige Meilen entfernt ist). Die beigelegten Bulletins, von denen die Rede ist, müssen in der Nr. 729 des Zuschauers enthalten gewesen sein. Sie bestehen in Tschitschagow's Berichten aus Wilna (29. Nov./11. Dec.) und schildern das grenzenlose Elend der französischen Armee, die glücklichen Erfolge der Russen, denen 150 Geschütze, 700 Pulverkasten, 2 Standarten und zahlreiche „Obose" (Gepäckwagen) in die Hände gefallen waren. Bei den furchtbaren Strapatzen, die York's Truppen eben selbst durchgemacht hatten, müssen diese, den Brief Nr. 22 begleitenden Nachrichten von ganz besonderer Wirkung gewesen sein; zudem war dem Schreiben Paulucci's die kaiserliche Vollmacht vom 6./18. Dec. (Nr. 18) beigelegt. Inzwischen hatte York bereits mit dem ihm zunächst stehenden russischen Commandeur, dem Generalmajor Diebitsch Verbindungen angeknüpft; Paulucci's Mittheilungen bewogen ihn diese Beziehungen weiter fortzusetzen. York, der bereits Abends zuvor seine erste Unterredung mit Diebitsch gehabt hatte, willigte in eine zweite, die zwischen Kiaukalek und Poltiany abgehalten wurde.

Um den Faden unserer Correspondenz festzuhalten, müssen wir York verlassen und uns wieder zu Paulucci wenden. Ueber dessen Marsch von Riga nach Memel berichtet der nachstehende, von einem Offizier des Paulucci'schen Corps geschriebene Brief (gedruckt in Nr. 732 des Zuschauers) wie folgt: „Sie wissen, am 8./20. Dec. um 10 Uhr verließen wir Riga. Als wir Miene machten, die Verschanzungen bei Zennhof zu stürmen, zog der Feind ab; wir folgten ihm und rückten in der Nacht um zwei Uhr in Mitau ein. Am Dienstag (22./10. Dec.) brachen Se. Excellenz der Herr Kriegsgouverneur von dort auf und ungeachtet der starke Frost den Marsch unserer Truppen stark behinderte, waren wir Donnerstag Abends in Schrunden und Sonntag (15./27. Dec.) Nachmittags standen wir vor

---

*) Vergl. Droysen: „Das Leben des Grafen York". Bd. 1. pag. 233 ff. 4. Aufl.
**) Droysen meint, dieser Brief sei noch in Riga geschrieben worden. Aus dem Zuschauer Nr. 731 ist zu ersehen, daß Paulucci bereits Tags zuvor in Mitau eingetroffen war, aus dem Bericht Nr. 25 unserer Sammlung, daß Paulucci selbst „Doblen" als den Ort der Absendung dieses Briefes bezeichnet.

Memel mit einer Batterie und zum Sturm bereit*). Der Commandant wollte Widerstand thun, aber da er die Entschlossenheit unseres Befehls=habers sah, verstand er sich endlich zu einer Capitulation, durch die sich die ganze Garnison kriegsgefangen ergab. Sie ist über 700 Mann stark und wird nach der Uebergabe gewiß sehr erstaunt sein zu finden, daß sie ihre Verschanzungen an nur 1800 Mann ausgeliefert, die seitwärts neben der wegziehenden Armee vorübereilten, um eine Festung zu nehmen." Dem Marquis war es, diesem ruhmredigen Schreiben nach zu urtheilen, gelungen, nicht nur sich selbst, sondern auch seinen Offizieren die Wichtig=keit der „campagne de Memel" und der „prise de Memel" einzureden. (Vergl. den Bericht Nr. 25 unserer Sammlung.)

Als Paulucci in Memel einzog, war er seit acht Tagen ohne Nach=richten von York; Dohna, den er von Doblen nach Kiaukalek abge=sandt, war noch nicht zurückgekehrt und hatte noch nichts von sich hören lassen. Durch Seyblitz, der in Memel angelangt und von den russischen Truppen angehalten worden war, und um die Erlaubniß zur Weiterreise bat (vergl. Nr. 23), bot sich dem Marquis eine neue, vielleicht die letzte Gelegenheit, die Verbindungen mit dem preußischen Hauptquartier aufzu=nehmen und zum Schluß zu führen. Aus seinem Bericht an den Kaiser (16./28. Dec. Nr. 25) wissen wir, daß der Marquis bereits damals durch den nach Berlin durchgereisten Adjutanten des Königs von Preußen Grafen Henkel von den Verhandlungen bei Kiaukalek und Poltiany unter=richtet war; um seinerseits das letzte Mittel zu einer persönlichen Ver=handlung mit York zu ergreifen und selbst mit diesem abzuschließen, schrieb er noch einmal an York und bat diesen noch einmal um eine Unter=redung (Nr. 24). Ob Seyblitz diesen Brief mitgenommen hat, ob der=selbe gleichzeitig abgesandt worden, ist nicht zu ersehen; aus Droysen's Darstellung**) wissen wir nur, daß Seyblitz gleichzeitig mit dem Pau=lucci'schen Schreiben am Morgen des 17./29. Dec. zu Tauroggen ein=getroffen war.

---

*) Den officiellen Berichten nach marschirte Paulucci von Mitau über Annen=hof, Frauenburg, Schrunden, Ober=Bartau und Polangen, indem er unterwegs 142 Gefangene machte.

**) Das Leben York's Thl. I. S. 288. Von dem heftigen Zorn, in den Paulucci nach Droysen's Mittheilung versetzt worden war, als er die Verhandlungen von Pol=tiany erfuhr, ist in dem Bericht an den Kaiser, der von jenen Verhandlungen spricht, Nichts zu entdecken.

Unterdessen waren die Verhandlungen mit Diebitsch weiter fort=
geschritten; Clausewitz, der Unterhändler dieses Generals, hatte in der
vorhergehenden Nacht (vom 28. auf den 29. Dec.) mit York conferirt,
Graf Dohna, der Abgesandte Paulucci's, schon am 15./27. die Hand
dazu geboten, den mißtrauischen Clausewitz für York günstig zu stimmen.
Clausewitz war bereits am Morgen desselben (17./29.) mit einer eventuellen
Zusage York's, in welcher die Besetzung Tilsits und die durch russische
Truppen zu bewerkstelligende Versperrung des Weges nach Novoje Mesto
(Neustadt) zu Bedingungen eines definitiven Abschlusses gemacht worden
waren, zu Diebitsch zurückgekehrt. York war bereits gebunden. Wie es
scheint, hat Dohna seinerseits nichts dazu gethan, York zu einer Conferenz
mit Paulucci zu vermögen, was um so auffallender erscheint, als er in
Paulucci's Namen handelte und wissen mußte, wie viel diesem daran ge=
legen war, die Ehre des Conventionsabschlusses seiner Person zu sichern;
noch Tags zuvor hatte er Paulucci geschrieben, er hoffe, York werde nur
mit ihm und keinem Andern abschließen (vergl. Nr. 26). Noch unbegreif=
licher ist es, daß, wie wir weiter unten sehen werden, der ehrgeizige Mar=
quis, um dieser Hintansetzung seiner Person willen, keinen Groll gegen
Dohna faßte, sondern diesen der kaiserlichen Gnade ganz besonders
empfahl, als die Convention bereits abgeschlossen war.

York's eventuelle Vorschläge, die Clausewitz dem General Diebitsch
in der Nacht vom 28. auf den 29. Dec. überbracht hatte, nahmen an=
geblich die Anträge Paulucci's zur Grundlage. Es hieß in demselben u. A.
wie folgt:

„1. Punkt. Das Corps unter meinem Commando besetzt die Punkte
von Tilsit und Memel und den dazwischenliegenden Strich Landes,
oder wenn militärische Ansichten dieses nicht gestatten, wird mir die
Niederung und Memel zugewiesen... Diese Convention ist mir frü=
her vom Generallieutenant Marquis von Paulucci zugestanden ꝛc."

York war offenbar im Irrthum, wenn er wirklich glaubte, Paulucci
sei Willens gewesen, ihm die Strecke zwischen Tilsit und Memel oder aber
die Niederung und Memel zum Cantonnement zu bewilligen. Die Namen
dieser Ortschaften sind in keinem Paulucci'schen Briefe genannt; im Ge=
gentheil hatte Paulucci in dem einzigen Schreiben, in welchem er die den
Preußen zu gewährenden Cantonnements namentlich nannte (vergl. Nr. 22.
d. d. 10./22. Dec.) verschiedene Städte Kurlands, wie Hasenpoth, Libau ꝛc.

zu Cantonnementsplätzen angeboten. Auch die kaiserliche Vollmacht (vergl. Nr. 18) hatte von der Einräumung preußischer Gebietstheile Nichts gesagt.

Es bleibt dahin gestellt, ob York seine Versicherung, „die Bedingungen der schwebenden Convention seien ihm bereits früher von Paulucci zugestanden worden", nicht auf den Punkt 1 derselben bezog, oder ob er einfach von Diebitsch's unverkennbarer Hast, zum Schluß zu gelangen, Vortheil ziehen wollte. Die letztere Annahme gewinnt an Wahrscheinlichkeit, wenn man in Erwägung zieht, daß York, trotz der zahlreichen und dringenden früheren Anträge des Marquis und trotz dessen neuestem Schreiben, von weiteren Verhandlungen mit diesem Abstand nahm und lieber mit Diebitsch pactirte. Wie uns scheint, ist diese Erwägung die maßgebende gewesen, denn York wußte sehr genau, daß der zähe, verschlagene Marchese keinen Vortheil freiwillig aus den Händen geben würde. Wenige Stunden nach dem Eintreffen Seydlitz's und dem des letzten Paulucci'schen Schreibens, am Nachmittag des 29, war Clausewitz wieder da: er brachte Briefe, aus denen hervorging, daß Wittgenstein's Armee bis jenseits Tilsit vorgedrungen war, daß die Preußen auch nach Norowoje=Mesto hin vollständig abgeschnitten, daß mithin die geforderten Bedingungen zum Abschluß einer Convention erfüllt seien. Jetzt sprach York sein entscheidendes „Ihr habt mich!" und man vereinbarte den Abschluß der Convention auf den folgenden Tag. Noch vor Abschluß derselben am Abend des 17./29. Dec. (vergl. Nr. 27) setzte York den Marquis von dem Vorgefallenen in Kenntniß, auch ihm gegenüber hielt er seinen Satz, daß er auf Grundlage der eigenen Bedingungen Paulucci's abschließe, fest; auf den Inhalt jener Bedingungen geht er indessen nicht ein.

Bis zum 2. Januar 1813 (21. Dec. 1812) war Paulucci ohne alle definitiven Nachrichten. Dohna's Brief vom 16./28. (Nr. 26), den er am 18./30. erhalten hatte, war das Letzte ihm zugegangene Lebenszeichen; nach Empfang dieses Schreibens hatte er dem Kaiser berichtet (vergl. Nr. 28), er rechne auf ein baldiges endgültiges Arrangement, und werde nach Abschluß dieses sofort Memel verlassen, um nach Riga zurückzukehren. Stunde auf Stunde verrann; als er am 19./31. noch immer ohne neue Nachrichten war, entschloß er sich noch einmal zu schreiben; in dem kurzen, hastigen Schreiben (Nr. 29) bat er nochmals um eine Unterredung: als dieser Brief im preußischen Hauptquartier eintraf, war es längst zu spät, die

Convention bereits Tags zuvor abgeschlossen und unterschrieben worden. Endlich am 1. Januar traf ein Bericht Diebitsch's ein, der den Abschluß der Convention meldete.

Wie es möglich gewesen, daß Paulucci erst am Morgen des 1. Jan./20. Dec. Nachrichten aus Tauroggen erhielt, erscheint wahrhaft unbegreiflich; er selbst spricht in seinem Bericht an den Kaiser (Nr. 31) seine Verwunderung über diese Verspätung aus. Es liegt der Verdacht nah, Diebitsch, der erst nach Abschluß der Convention berichtete, habe absichtlich verhindern wollen, daß Paulucci eine Nachricht erhielt, ehe es zu spät war; wer als er selbst konnte es verschuldet haben, daß York's Schreiben vom 17./29. drei Tage brauchte, um an seine Adresse zu gelangen? York, dessen Interesse dabei betheiligt war, mit Diebitsch und nicht mit dem Marquis abzuschließen, hatte pünktlich nach Abgabe seines ersten Versprechens geschrieben; wäre dieser Brief, wie er erwarten konnte, am Morgen des 18./30. in Memel eingetroffen, so wäre es Paulucci bei einiger Anstrengung und wenn Diebitsch nur noch bis zum Abend gewartet hätte, immer noch möglich gewesen, zum Abschluß der Convention, am Abend des 30. Dec., in Tauroggen einzutreffen; statt dessen berichtete Diebitsch dem Marquis noch gar nicht, York's Schreiben wurde aufgehalten und die Convention schon am Vormittag des 18./30. abgeschlossen; die Russen hatten den preußischen General schon Morgens um 8 Uhr in der Poscheruner Mühle erwartet; da York erst später erschien, wurde der berühmte Vertrag erst gegen Mittag abgeschlossen. — York hatte, so schien es, seinen Zweck erreicht, ihm war die Strecke zwischen Tilsit, Memel und dem Haff bewilligt worden; ob ihm auch die beiden genannten Städte geöffnet werden sollen, war nicht ausdrücklich gesagt, von York aber angenommen worden.

An demselben Tage, an welchem Paulucci durch Diebitsch von dem Geschehenen in Kenntniß gesetzt worden war, erhielt York, inzwischen in Polangen angelangt, Paulucci's letztes Schreiben; er antwortete sogleich, die Convention sei bereits abgeschlossen, sprach indessen seine Bereitwilligkeit aus, mit Paulucci am folgenden Tage zusammen zu treffen (vergl. Nr. 30). Aber auch dieses Schreiben langte erst verspätet an seine Adresse; wie wir aus Paulucci's eigner Bemerkung wissen (vergl. Nr. 33) erhielt dieser dasselbe erst am 3. Jan./22. Dec. Der Oberst Balabin (der Diebitsch, nicht Paulucci subordinirt war) hatte die Uebersendung desselben

verzögert. Es ist schwer anzunehmen, daß diese Verzögerung eine zufällige gewesen; aller Wahrscheinlichkeit nach war Diebitsch daran gelegen, ein Zusammentreffen York's mit dem Marquis unmöglich zu machen; er mochte geahnt haben, daß Paulucci bemüht gewesen wäre, die vereinbarten Bedingungen nachträglich zu ändern, am Ende gar eine neue Convention abzuschließen.

Bei so bewandten Umständen ist es begreiflich, daß Paulucci gegen Diebitsch lebhaft verstimmt war; bereits jene frühere Intrigue (vergl. Nr. 33), die ihm den Oberbefehl über die von Loewis kommandirten Truppen entzogen hatte, war dem Marquis nahe gegangen, jetzt war er zweimal hinter einander verhindert worden, mit York zusammen zu treffen. Seine Verstimmung steigerte sich zum lebhaften Unwillen. In den Berichten, die er dem Kaiser am 2. und 3. Januar übersandte (Nr. 31 u. 34), giebt der ehrgeizige Mann dem Groll, der seine Seele erfüllt hatte, einen ungeschminkten Ausdruck. Er klagt Diebitsch an, ihn aus selbstischen Absichten von jeder Theilnahme am Vertrage von Tauroggen fern gehalten und bei Abschließung dieses seine Vollmachten überschritten zu haben. Unbegreiflicher Weise beklagt er sich über Dohna, den Vertreter seiner Interessen in Tauroggen, der zur Verständigung zwischen Diebitsch's Abgesandtem und York die Hand geboten und keinen Aufschub zu bewirken versucht hatte, mit keinem Wort; im Gegentheil empfiehlt er ihn der kaiserlichen Gnade in den wärmsten Ausdrücken und übergiebt ihm die Depesche, welche das Geschehene zu des Kaisers Kenntniß bringen sollte.

Sein ganzer Zorn hatte sich über Diebitsch ergossen, dem er eine feinangelegte Falle bereitete; er beredet den Kaiser, die besetzten preußischen Landesstriche unter keiner Bedingung aus den Händen zu geben, weist auf die Nothwendigkeit hin, die besetzten preußischen Städte „unbemerkbar an den Gedanken einer Einverleibung in die russischen Grenzen zu gewöhnen" und ertheilt bei seiner Abreise von Memel, dem Commandanten dieser Festung, seinem früheren Adjutanten, Obrist von Elesparre die gemessene Ordre, York's Truppen den Einlaß in diesen Platz zu verweigern. Gegen York beobachtet er alle Formen der Höflichkeit; er spricht sein Bedauern darüber aus, daß er nicht das Glück gehabt, seine persönliche Bekanntschaft zu machen (Nr. 33), er benachrichtigt ihn von den Elesparre ertheilten Vorschriften (No. 35) und läßt nirgend eine Spur von Empfindlichkeit durchblicken. Von seiner Erbitterung gegen diesen

und das gesammte Preußen, wissen wir bereits aus dem oben mitgetheilten Bericht Merkel's; es war offenbar seine Absicht, Diebitsch durch Verletzung der von diesem gegen York eingegangenen Verpflichtungen zu compromittiren, vielleicht gar unmöglich zu machen, in der Brust des Kaisers ehrgeizige Pläne zu erwecken, die York's Handlungsweise in den Augen des Königs von Preußen noch bedenklicher machen mußte, als sie an und für sich war, und sich an der Verwirklichung der Entschließungen des russischen Kaisers für alle Fälle einen Antheil zu sichern. Was an ihm war, hat der Marquis zur Ausführung dieses Planes gethan.

Den Raum dieser Skizze würde es überschreiten, wollten wir im Einzelnen ausführen, in welcher Weise der von dem rachsüchtigen Italiener heraufbeschworene Conflict gelöst wurde. Wir berichten in Kürze, daß Wittgenstein dem Marquis am 1./13. Januar den Befehl ertheilte, die gefangen genommenen und nach Mitau dirigirten preußischen Truppen wieder in Freiheit zu setzen, daß Paulucci, der Wittgenstein nicht subordinirt war, Gehorsam verweigerte und erklärte, bis zur Entscheidung durch den Kaiser, seine Anordnungen aufrecht erhalten zu wollen (vgl. Nr. 37.), daß York sich an den Fürsten Kutusow und an den in der Umgebung des Kaisers befindlichen Freiherrn von Stein wandte und diese den Kaiser am 7./19. Januar bewogen, die Aufhebung der von Paulucci bezüglich Memels getroffenen Forderungen zu decretiren. Die Räumung Memels erfolgte erst im März desselben Jahres*). Zu erwähnen wäre noch, daß Paulucci, der in den ersten Januartagen endlich Memel verließ, um dem Kaiser entgegen zu reisen, die Civilverwaltung dieser Stadt seinem Kanzlei-Direktor Baron Fölkersahm, einem geistreichen Kurländer, übertrug, der als kurländischer Ritterschafts-Secretair im Jahre 1796 einen hervorragenden Antheil an der Unterwerfung Kurlands genommen hatte und später Civil-Gouverneur von Livland wurde. Auch der (kürzlich in Riga verstorbene) erste Secretair des Marquis, Herr v. Doppelmair, — derselbe, der auch in der Correspondenz (vergl. Nr. 18 in fine) genannt ist — nahm an der Leitung der Civilverwaltung Antheil. Im Februar kehrte Paulucci nach Riga zurück. Das lecke Spiel, das ihm sein verwundeter Ehrgeiz eingegeben hatte, war nicht gelungen, weder war Diebitsch geschädigt, noch auch eine Erweiterung der russischen Grenzen

---

*) Vergl. Droysen a. a. O. Bd. II. S. 330, 337 ff.

bis nach Memel herbeigeführt worden. In der Gnade seines Herrschers stand er aber nach wie vor unerschütterlich fest. Die Vorgänge in Memel hatten dieselbe so wenig zu erschüttern vermocht, daß er nicht nur in seiner bisherigen Stellung verblieb, sondern auch mit einer Dotation belohnt und sofort zum Civil-Oberbefehlshaber von Kurland, später auch von Estland und Pleskau ernannt wurde. Erst im Jahre 1831, zur Zeit der Regierung des Kaisers Nicolaus, den er in früherer Zeit einmal verletzt hatte, indem er ihm gegenüber den „älteren General" heraussteckte, trat Paulucci von seinem Posten zurück, um nach Italien zurückzugehen; hier nahm er sardinische Dienste und starb in hohem Alter als Generalgouverneur von Genua. Daß man in Preußen seiner nicht gern gedachte, hatte seinen guten Grund, in Liv-, Est- und Kurland hat man den genialen Administrator noch heute nicht vergessen.

Soweit unser Vorbericht; in den nachstehenden Aktenstücken finden die Leser die Belege zu den Ausführungen, die wir ihnen vorgelegt. Mit Ausnahme der Nr. 36 (des Briefs an den Fürsten Kutusow-Smolenski, der sich auf die frühere nur kurz erwähnte Intrigue bezieht, welche Paulucci den Oberbefehl über das Loewis'sche Corps entzogen hatte) schließen sie sich ausnahmslos unserem Berichte an. Der Text dieser Aktenstücke stimmt genau und ohne jede Abweichung mit der von Merkel besorgten Abschrift derselben überein und giebt das mangelhafte Französisch, dessen der alte Modenese sich bediente und das im Norden die Rolle seiner Muttersprache spielte, getreulich wieder. Die beigegebene deutsche Uebersetzung wird schon wegen der an Unverständlichkeit streifenden Eigenthümlichkeiten des Paulucci'schen Jargons, nicht ganz überflüssig erscheinen.

Die Bedeutung des großen Gegenstandes, um welchen es sich in diesen Blättern handelt, sichert denselben vielleicht ein Recht darauf, auch nachdem ihr wesentlicher Inhalt schon früher bekannt geworden, nicht ohne alle Theilnahme gelesen zu werden! Wie die Stätte, „die ein guter Mensch betrat", eingeweiht für alle Zeiten ist, so sind auch die Menschen und Verhältnisse, mit denen ein großer Mann wie York an den Wendepunkten seines Lebens zu thun hatte, ihrer niederen Sphäre entrückt!

Verzeichniß der beigelegten Aktenstücke.

(Die mit * bezeichneten Briefe sind von Droysen bereits in deutscher Uebersetzung mitgetheilt worden; die mit † bezeichneten, haben dem genannten Schriftsteller außerdem vorgelegen, sind von ihm kurz erwähnt, aber n i ch t reproducirt worden. Der Rest war bis jetzt überhaupt unbekannt.)

*1) Paulucci an York 2./14. Nov. 1812.
 2) Derselbe an den Kaiser Alexander 6./18. Nov.
*3) York an Paulucci 8./20. Oct.
 4) Paulucci an den Kaiser Alexander 10./22. Nov.
†5) Derselbe an denselben 14./26. Nov.
†6) Derselbe an den General Grafen Wittgenstein 16./28. Nov.
†7) Derselbe an York 19. Nov./1. Dec.
†8) Derselbe an den Kaiser Alexander 20. Nov./2. Dec.
†9) York an Paulucci 5. Dec./23. Nov.
 10) Paulucci an den Kaiser Alexander 25. Nov./7. Dec.
†11) Derselbe an York 25. Nov./7. Dec.
*12) York an Paulucci 26. Nov./8. Dec.
†13) Paulucci an York 29. Nov./11. Dec.
 14) Derselbe an den Kaiser Alexander 30. Nov./12. Dec.
*15) York an Paulucci 4./16. Dec.
†16) Paulucci an den Kaiser Alexander 4./16. Dec.
 17) Derselbe an denselben 4./16. Dec.
†18) Kaiser Alexander an Paulucci 6./18. Dec.
 19) Paulucci an den Kaiser Alexander 7./19. Dec.
†20) York an Paulucci 8./20. Dec.
 21) Paulucci an den Kaiser Alexander 9./21. Dec.
†22) Derselbe an York 10./22. Dec.
 23) Major Seydlitz an Paulucci 15./27. Dec.
†24) Paulucci an York 16./28. Dec.

25) Paulucci an den Kaiser Alexander 16./28. Dec.
†26) Graf Dohna an Paulucci 16./28. Dec.
27) York an Paulucci 17./29. Dec.
28) Paulucci an den Kaiser Alexander 18./30. Dec.
29) Paulucci an York 19./31. Dec.
30) York an Paulucci 20. Dec. 1812/1. Jan. 1813.
31) Paulucci an den Kaiser Alexander 21. Dec. 1812/2. Jan. 1813.
32) Derselbe an York 21. Dec./2. Jan.
33) Derselbe an denselben 22. Dec./3. Jan.
†34) Derselbe an den Kaiser Alexander 27. Dec./8. Jan.
35) Derselbe an York 28. Dec./9. Jan.
36) Derselbe an den Fürsten Kutusow 30. Dec./11. Jan.
37) Derselbe an den Grafen Wittgenstein 3./15. Jan.

Causae rerum.

Schriftwechsel, den Uebertritt des Generals York betreffend.

(Nachstehende Briefe theilten mir Se. Erlaucht der Herr Marquis Paulucci mit, theils im Original, theils in Abschriften von der eigenen Hand Sr. Erlaucht, mit der Erlaubniß, sie für mich zu copiren. Vor meiner Abreise nach Deutschland ließ ich die nachfolgende Abschrift von meiner Abschrift machen und nahm die letztere mit. G. Merkel.)

1. Lettre à Mr. le Lieutenant-Géneral d'Yorck, Commandant le Corps des troupes Prussiens en Courlande, écrite le 2./14. Nov. 1812 par le Gen. Marquis Paulucci.

L'honneur et la franchise caractérisent le soldat. Nous avons été élévés tous deux dans les camps. Le langage de la loyauté est donc le seul qui nous convient. Venons au fait! Votre Exc. sait mieux que personne, que la Prusse fait la guerre malgré elle et contre ses propres intérêts. Vous savés qu'elle la fait en faveur de l'ennemi implacable de sa grandeur, pour son spoliateur; en un

---

1. **Brief des Generals Marquis Paulucci an den General-Lieutenant von York, Befehlshaber des preußischen Armeecorps in Kurland vom 2./14. November 1812.**

Ehre und Freimuth kennzeichnen den Soldaten. Wir sind beide im Felde erzogen worden. Uns geziemt daher allein die Sprache der Redlichkeit. Also zur Sache! Ew. Exc. wissen besser als irgend Jemand, daß Preußen gegen seinen Willen und wider sein eigenes Interesse Krieg führt. Sie wissen, daß es ihn führt zu Gunsten des unversöhnlichen

mot, pour un autre Attila, qui comme lui le fléau du genre humain, en devastant successivement la Prusse et tous les Etats de l'Europe, a renouvellé de nos jours toutes les horreurs des Huns et des Vandales.

En parvenant à faire la loi en Russie, il auroit immanquablement appesanti le joug sur tous les peuples, qui ont combattu pour lui.

Heureusement, loin d'y réussir, cet homme si funeste à l'humanité, qui a couvert l'Europe de playes qui saigneront long-temps, touche au terme de sa fatale grandeur.

Les bulletins ci-joints, Vous apprendront l'état desesperé de ses affaires. Cette circonstance met la Prusse en état de devenir peut-être l'arbitre du sort de l'Europe, et Vous, d'être le liberateur de Votre patrie.

Deux partis se présentent à Vous, pour parvenir à ce but. Le prémier seroit en réunissant les troupes que commande Votre Excellence, avec celles sous mes ordres, après avoir fait arrêter Macdonald et les partisans de la faction Françoise, de marcher à délivrer

---

Feindes seiner Größe, für seinen Berauber; mit einem Wort, für einen zweiten Attilla, der gleich dem ersten als eine Geißel des Menschengeschlechts, Preußen und alle übrigen Staaten Europas verwüstend, alle Schrecken der Hunnen und Vandalen in unseren Tagen erneuert hat.

Käme er dazu, Rußland zu überwältigen, er würde unfehlbar allen Völkern, die für ihn gekämpft haben, ein noch schwereres Joch aufdrücken.

Hiervon aber noch weit entfernt, steht, zum Glück, dieser der Menschheit so verderbliche Mann, der Europa mit Wunden bedeckt hat, die noch lange bluten werden, an den Marken seiner verhängnißvollen Größe.

Die beiliegenden Bulletins werden Ihnen die verzweifelte Lage seiner Sache zeigen. Dieser Umstand setzt Preußen in den Stand vielleicht über das Schicksal Europas zu bestimmen, giebt Ihnen die Möglichkeit, der Befreier Ihres Vaterlandes zu sein.

Zwei Wege bieten sich Ihnen dar, um zu diesem Ziele zu gelangen. Der erste wäre, die Truppen, welche Ew. Exc. befehligen mit den unter meinem Befehl stehenden zu vereinigen und, nachdem Macdonald und die Anhänger der französischen Partei aufgehoben worden, zur Befreiung

Votre Roi. Dans ce cas je Vous seconderais avec tous les moyens qui sont à ma disposition. Le second seroit de vous prévaloir des échecs multipliés des Armées Françoises et de leur rétraite precipitée, pour déclarer que Vous voulés couvrir les frontières de Votre patrie, en retirant Vos troupes derrière la Memel, et de Vous réfuser a tout autre mouvement, qu'on ne manquera peut être. d'exiger de Vos troupes de la part des François pour le salut de leurs armées, au detriment de celui de Votre propre Patrie.

Si Vous entrés dans ces vuës patriotiques, mais si Vous ne voulés agir que d'après la libre volonté du Roi Votre souverain, veuillés alors, Votre Excellence, faire parvenir cette lettre à Sa Majesté, pour qu'elle daigne décider du parti, qu'elle jugera dans Sa sagesse le plus convenable pour ses interêts.

Vous voyés par là, que je ne Vous propose rien qui puisse compromettre Votre honneur. Toute trahison repugne à mon ame; elle fletrit à la fois celui qui la propose, comme celui qui la commet. D'ailleurs, en possession de la plus belle reputation sous tous les rapports, rien ne peut autoriser à exiger de Votre Exc. des choses

---

Ihres Königs vorzurücken. In diesem Fall würde ich Ihnen mit allen mir zu Gebote stehenden Mitteln beistehen. Der zweite würde darin bestehen, daß Sie an den, von den französischen Herren erlittenen zahlreichen Unglücksfällen und deren überstürztem Rückzug zu der Erklärung Veranlassung nähmen, Sie wollten die Grenzen Ihres Vaterlandes decken — indem Sie Ihre Truppen hinter die Memel zurückzögen und jede andere Bewegung, die die Franzosen zum Vortheil ihrer Armee und zum Unheil der Ihren verlangen würden — verweigerten.

Treten Sie diesen patriotischen Absichten bei, wollen Sie aber nicht ohne die freie Zustimmung des Königs, Ihres Monarchen, handeln, so könnten Ew. Excellenz diesen Brief Sr. Majestät zukommen lassen, damit Se. Majestät selbst geruhen könne, sich in ihrer Weisheit für denjenigen Weg zu entscheiden, welche ihr ihren Interessen entsprechend erscheinen wird.

Sie sehen, daß ich Ihnen Nichts, was Ihre Ehre compromittiren könnte, vorschlage. Jeder Verrath widerstrebt meiner Seele, denn Verrath beschimpft den, der ihn vorschlägt, ebenso wie den, der ihn begeht.

contraires à Votre devoir. Ce n'est qu'en ami ardent de l'humanité que je Vous communique mes vuës, et c'est au nom de Votre amour pour Votre Roi, pour la gloire et la liberté politique de Votre patrie, et enfin pour le bien-être de tout le genre humain, que je Vous conjure, de vouloir adherer à mes sollicitations.

Le rôle glorieux de l'immortel la Romana Vous est réservé. En le remplissant avec succès, la posterité reconnoissante Vous placera au rang des grands hommes, qui ont été les sauveurs de leur patrie.

Avec l'espoir de ne m'être pas trompé sur l'idée, que je me suis faite sur la noblesse de Vos sentimens et de votre attachement pour Votre Roi, je passe à l'honneur de me dire etc.

Paulucci.

(Anmerk. des Marquis.) La copie de cette lettre est envoye à S. M. l'Empereur avec le rapport du 2. Nov.

Da man weiß, daß Ew. Excellenz einen in jeder Beziehung außerordentlich guten Ruf genießen, so ist man durch nichts dazu berechtigt, von Ihnen Dinge zu verlangen, die Ihrer Ehre zuwiderlaufen könnten. Nur als ein glühender Freund der Menschheit theile ich Ihnen meine Ansichten mit; im Namen ihrer Liebe zu ihrem Könige, im Interesse des Ruhms und der politischen Freiheit Ihres Vaterlandes, zum Wohl des ganzen Menschengeschlechts beschwöre ich Sie, meinen Anträgen beistimmen zu wollen.

Die ruhmreiche Rolle des unsterblichen La Romana ist Ihnen vorbehalten. Führen Sie dieselbe erfolgreich durch, so wird die dankbare Nachwelt Sie dem Range jener großen Männer zuzählen, welche die Retter ihres Vaterlandes waren.

In der Hoffnung mich nicht in der Meinung getäuscht zu haben, welche ich mir über den Adel ihrer Gesinnung und Ihrer Hingebung an Ihren König gebildet habe, habe ich die Ehre u. s. w.

Paulucci.

Anm. von der Hand des Marquis. Eine Abschrift dieses Briefs wurde dem Rapport vom 2. Nov. an Se. Majestät den Kaiser, beigelegt.

2. **Aus einem Bericht des Marquis Paulucci am 6. Nov. 1812.**

A Sa Majesté Impériale.

J'ai eu l'honneur de rendre compte à V. M. en date du 2. Novembre, que j'avois adressé une lettre au Général Yorck. Actuellement je me fais un devoir de Vous soumettre, Sire, que ce Général avoit fait dire par un de ses aides-de-Camp à l'officier envoyé de ma part, qu'il ne permettroit pas aux parlementaires de lui parler de bouche, puisque cette demarche pourroit exciter de la mefiance auprès du Général Macdonald, qui a toujours son quartier-général à Stalgen, et dont les interêts diffèrent de ceux de la Prusse.

Cet aide-de-Camp avoit été en même temps chargé de me faire prier de lui envoyer toutes les nouvelles des opérations de nos armées, car il voulait les envoyer au Roi de Prusse, dont il connoit la façon de penser.

Le Général Yorck témoigna en même temps le désir, que les paquets qui contiendront ces nouvelles intéressantes, fussent adres-

---

2. **Aus einem Bericht des Marquis Paulucci an den Kaiser Alexander vom 6. November 1812.**

Unter dem 2. Nov. habe ich die Ehre gehabt Ew. Majestät über einen Brief Rechenschaft abzulegen, den ich an den General York gerichtet hatte.

Gegenwärtig bin ich verpflichtet, Ihnen Sire zu unterbreiten, daß General York dem von mir abgesandten Officier durch einen seiner Adjutanten hat sagen lassen, daß er keinen Parlamentair zu einer münblichen Unterredung bei sich vorzulassen gestatten werde, da ein solcher Schritt bei dem immer noch in seinem Hauptquartier Stalgen resibirenden General Macdonald, dessen Interessen von benen Preußens verschieden seien — Mißtrauen erregen könne.

Derselbe Adjutant war (sc. von dem General) beauftragt, mich bitten zu lassen, ihm alle Nachrichten über die Operationen unserer Armee zukommen zu lassen, da er sie dem Könige von Preußen, dessen Denkungsart er kenne, zukommen lassen wolle.

General York hat zugleich den Wunsch ausgesprochen, daß die, diese interessanten Berichte enthaltenden Packete, um jede Unannehmlichkeit zu

ses à un officier qu'il me fit designer, afin d'éviter chaque désagrement.

3. Antwort des General York auf das Schreiben Paulucci's Nr. 1.

Monsieur le Général!

La franchise avec laquelle Votre Excellence a la bonté de me faire connaitre ses vuës politiques sur la situation actuelle des affaires générales, m'est une marque très flatteuse de la confiance qu'Elle mette dans la loyauté de mon caractère. Je prie Votre Exc. de se convaincre que je ne connois et que je ne connaitrai jamais d'autres interêts que ce lui de mon Roi et de ma patrie; mais permettés moi de Vous observer: que l'homme mûri par l'expérience ne doit jamais hazarder cet intérêt sacré par une action emancipée ou prématurée.

L'exemple de Romana ne sied pas à moi. Romana savoit positivement ce que sa patrie avoit à attendre de l'allié, auquel il s'unissoit; — la chose étoit prononcée et decidée. Mais son entre-

---

vermeiden, an einen Officier abreffirt werden sollten, den er mir namhaft machen werde.

3. Antwort des General York auf das Schreiben Paulucci's Nr. 1.

Herr General! Der Freimuth, mit welchem Ew. Excellenz die Güte gehabt haben mir Ihre politischen Ansichten über die gegenwärtige Lage der öffentlichen Angelegenheiten mitzutheilen, ist mir ein sehr schmeichelhaftes Zeichen des Vertrauens gewesen, welches Ew. Excellenz zu der Loyalität meines Charakters haben. Ich ersuche Ew. Excellenz davon überzeugt zu sein, daß ich keine anderen Interessen kenne oder jemals kennen werde, als die meines Königs und meines Vaterlandes. Erlauben Sie mir aber, Ihnen die Bemerkung zu machen, daß der durch Erfahrung gereifte Mann dieses geheiligte Interesse niemals durch eine eigenmächtige oder verfrühte Handlung aufs Spiel setzen darf.

Das Beispiel Romana's ist auf mich nicht anwendbar. Romana wußte mit Gewißheit, was sein Vaterland von dem Alliirten, dem er sich anschloß, zu erwarten habe — die Sache war ausgesprochen und entschieden. Sein Unternehmen wird aber für immer das mustergiltige Vorbild

prise sera à jamais la modèle parfait de la loyauté, du secret et de la prévoyence des deux cotés.

Agrées, Monsieur le Général, l'assurance sincère de la haute consideration avec laquelle j'ai l'honneur d'être Monsieur le Général
de Votre Excellence le très-humble et
très-obeissant serviteur
Mitau ce 20/8. me Nobre 1812.   d'York.

4. A Sa Majesté Impériale.
(Vom Marquis vom 10./22. Nov.)

Comme Votre Majesté Impériale par Son rescrit en date du 2. Nov. daigne consentir à m'envoyer ici quelque individu Prussien, dont les opinions anti-françois l'ayent fait abandonner sa patrie, je prie par conséquence V. M. de me l'envoyer le plutôt que possibles afin que je puisse tâcher d'en tirer parti.

Le comte Witgenstein a envoyé ici le Général-Major Prince Repnin avec une lettre pour le Général Yorck; dont le départ pour Berlin ne paroît pas se verifier; je tâcherai de mon mieux de contribuer à la réussite de la negociation.

---

der Loyalität, der Verschwiegenheit und der Vorsicht auf beiden Seiten, sein.

Genehmigen Sie, Herr General, die aufrichtige Versicherung der hohen Achtung, mit welcher ich die Ehre habe zu sein, Herr General,
Ew. Excellenz ergebener und gehorsamer Diener
Mitau, 20./8. Nov. 1812.   v. Yorf.

4. Schreiben des Marquis Paulucci an den Kaiser Alexander, 10./22. Nov.

Da Ew. Kaif. Majestät durch Ihr Rescript vom 2. Nov. Ihre Zustimmung dazu gegeben, einen preußischen Unterthanen zu mir zu senden, der durch seine anti=französische Gesinnung dazu geführt worden ist, sein Vaterland zu verlassen, so ersuche ich Ew. Majestät, denselben sobald als möglich herzusenden, damit ich den Versuch machen kann, denselben zu verwenden.

Graf Wittgenstein hat den General=Major Fürst Repnin mit einem Brief für den General York hergesandt, dessen Abreise nach Berlin sich übrigens nicht zu bewahrheiten scheint. Ich werde meinerseits das Mögliche zu einem Erfolge der Unterhandlung beitragen.

J'ai l'honneur de soumettre à V. M. un tableau des troupes sous les ordres du Maréchal Macdonald, que je me suis procuré et qui paroît très exact d'après tous les renseignemens que j'ai pû tirer par les prisonniers et les deserteurs etc.

(18986 Preußen, 2800 Bayern, 2800 Westphälinger, 8400 Polen und 16 Kanonen.)

5. A Sa Majésté Impériale.
(Vom Marquis Paulucci, vom 14./26. Nov.)

Le Lieutenant-Général Yorck, que l'on croyoit parti avec le Général-Mayor Kleist pour Berlin, n'a été qu'à Schawel, où sont arrivés des renforts pour les troupes Prussiennes.

Le Prince Repnin, arrivé ici avec une lettre du Comte Witgenstein, qui m'annonçoit que V. M. l'avoit chargé de traiter avec les Prussiens, m'a sollicité de lui permettre d'écrire au Général Yorck. J'ai tâché de persuader le Prince, qu'avant d'écrire, il falloit attendre que le Général Yorck repondit à ma lettre, dont j'ai rendu compte à Votre Majesté en date du 2. Nov., mais n'y étant parvenu, je dûs

---

Ich habe die Ehre Ew. Majestät ein Verzeichniß der Truppen zu unterbreiten, welche unter dem Befehl des Marschall Macdonald stehen; dieses Verzeichniß scheint nach den Angaben, welche ich von Gefangenen, Deserteuren u. s. w. habe erhalten können, durchaus zuverlässig zu sein. (Dasselbe umfaßte 18986 Preußen, 2800 Bayern, 2800 Westphalen und 8400 Polen, dazu 16 Kanonen.)

5. Schreiben des Marquis Paulucci an den Kaiser Alexander, 14./26. Nov.

Der Generallieutenant York, den man mit dem Generalmajor Kleist nach Berlin gereist glaubte, ist nur in Schaulen gewesen, woselbst preußische Verstärkungen eingetroffen sind.

Fürst Repnin, der hieselbst mit einem Briefe des Grafen Wittgenstein eingetroffen ist, welcher mir die Mittheilung brachte, Ew. Maj. hätte ihn damit beauftragt, mit den Preußen zu unterhandeln, hat mich um die Genehmigung dazu ersucht, dem General York schreiben zu dürfen. Ich habe versucht, den Fürsten davon zu überzeugen, daß er, bevor er schriebe, die Antwort des Generals York auf meinen Brief (über welchen ich Ew. Maj. unter dem 2. Nov. berichtet habe) abwarten müsse, seinem Verlangen aber

lui accorder sa démande, pour ne pas encourir une protestation, dont il m'a ménacé, pour désobéissance aux ordres de Votre Majesté. La lettre du Prince Repnin était à peine partie que j'ai reçu les deux lettres ci-jointes, dont l'une officielle et l'autre (f. unter 3) particulière, écrite tout au long de la propre main du Général Yorck. Le retard mis par ce Général à me répondre, me donne lieu de croire, qu'il en à rendu compte au Roi, et que Sa Majesté l'autorise à entrer en rélation avec moi, mais qu'il desire d'après ce qu'il dit dans cette lettre, „savoir positivement ce que sa patrie doit attendre „de l'Allié auquel elle s'uniroit, et il veut que la chose soit prononcée et décidée".

Cette lettre montre assés clairement à quel point favorable j'avois conduit l'affaire, mais le malheureux contre-temps de la lettre du Prince Repnin peut la gâter; car cela est contraire à ce que le Général Yorck dit dans sa lettre, du sécret et de la prévoyence.

Je ne puis mes dispenser, Sire, de soumettre à V. M. la neces-

---

nachgeben müssen, um mir nicht einen Protest wegen Ungehorsams gegen die Befehle Ew. Maj. (mit welchem der Fürst drohte) zuzuziehen. — Kaum war der Brief des Fürsten Repnin abgegangen, als ich die beiden beiliegenden Briefe (vrgl. Nr. 3.), einen officiellen und einen privaten erhielt; den letzteren hatte General York von Anfang bis zu Ende eigenhändig geschrieben. Der Aufschub, den dieser General gemacht hat, ehe er mir antwortete, läßt mich glauben, er habe dem Könige über das Geschehene berichtet und sei von Sr. Maj. dazu ermächtigt worden, mit mir in Unterhandlung zu treten, habe aber (wie es in dem Brief an mich heißt) positiv zu erfahren gewünscht, „was sein Vaterland von dem Alliirten, dem es sich verbindet, zu erwarten habe" und gewollt, „daß die Sache ausgesprochen und entschieden sei."

Es zeigt dieser Brief ziemlich deutlich, wie günstig der Punkt ist, bis zu welchem ich die Sache geführt habe, aber die unglückliche Dazwischenkunft des Briefes von dem Fürsten Repnin kann dieselbe verderben, denn dieser Brief läuft Dem zuwider, was General York in seinem Brief von Geheimniß und Vorsicht sagt.

Ich kann nicht umhin, Sire, Ew. Maj. die absolute Nothwendigkeit vorzustellen, daß dergleichen Angelegenheiten mit sehr viel mehr Einheit=

sité absolu, que de telles affaires soient conduites avec beaucamp plus d'unité; sans cela on n'inspire que de la méfiance, et l'on intimide ceux qui seroient portés pour nous.

Si V. M. juge le Comte Witgenstein plus propre que moi pour une telle affaire, daignés l'en charger ainsi que j'en sois absolument pour rien, et que même ne rien ne se fasse dans la distance, qui m'est confiée.

Si V. M. décide, que ce soit moi, qui doit la conduire, il est aussi très naturel, que personne d'autre n'en soit mêlé.

Je suis d'opinion (et V. M. peut bien être persuadée, qu'elle n'est jamais dictée que par une intime conviction de ma conscience) que V. M. m'envoye d'abord 1. une instruction rélativement à ma conduite pour tous les cas qui peuvent se présenter. 2. une espèce de plein-pouvoir, pour traiter avec le Général Yorck, ou tout autre individu, que le Roi pourroit charger; et 3. une lettre pour le Roi, soit de V. M. même, ou bien, pour ne pas Vous compromettre, Sire, de la part de quelque individu, auquel le Roi aye ample confiance,

---

lichkeit geführt werden müssen; ohne diese flößt man nur Mißtrauen ein und schüchtert man diejenigen ein, die uns geneigt sein könnten. Halten Ew. Majestät den Grafen Wittgenstein für zu dieser Angelegenheit geeigneter als mich, so geruhen Sie, ihm dieselbe der Art zu übertragen, daß ich ganz von ihr ausgeschlossen bin und daß sogar nichts Bezügliches in dem mir anvertrauten Gebiet geschieht.

Entscheiden Ew. Majestät, daß ich diese Angelegenheiten zu führen habe, so ist es sehr natürlich, daß niemand Anderes sich einzumischen hat.

Meiner Ansicht nach (und Ew. Majestät können überzeugt sein, daß dieselbe immer nur durch die strenge Ueberzeugung meines Gewissens geleitet wird,) hätten Ew. Maj. mir zu schicken: 1. Eine Instruction über die von mir in allen möglichen Eventualitäten zu beobachtende Haltung. 2. Eine Art von General=Vollmacht, um mit dem General York oder jedem Anderen von dem Könige etwa dazu Bevollmächtigten zu unterhandeln. 3. Einen Brief für den König (sc. von Preußen), entweder von Ew. Maj. selbst, oder um Sie nicht zu compromittiren, Sire, von irgend Jemand, zu dem der König vollständiges Vertrauen hat — um den König davon

afin de la prevenir que je suis chargé d'entrer en negociation avec lui.

J'attends avec impatience Votre résolution, Sire, afin de pouvoir régler ma conduite en consequence etc.

6. A Monsieur le Général de la Cavallerie, Comte Witgenstein.

Le Général-Major Prince Repnin rendra compte à Votre Excellence, qu'après deux jours de mûre refléxion, j'ai cru devoir lui conseiller de ne pas ecrire à Mr. Yorck, vû que ce Général n'avoit pas encore repondu à une lettre, que je lui avois deja écrite en date du 2. de ce mois sur le même objet.

Le Prince Repnin ne croyant pas devoir suivre mon opinion, je n'ai pû me refuser de lui fournir le moyen de faire parvenir sa lettre, d'autant plus que V. Exc. m'a fait l'honneur de me prévenir, que c'était d'après les ordres de l'Empereur.

A peine la lettre du Prince Repnin étoit partie, que j'ai reçu du Général Yorck une reponse à ma lettre, qui paroît faire voir,

---

zu benachrichtigen, daß ich bevollmächtigt sei, mit ihm in Unterhandlung zu treten.

Mit Ungeduld, Sire, erwarte ich Ihre Entscheidung, um mein Verfahren nach dieser zu bestimmen u. s. w.

6. Schreiben des Marquis Paulucci an den General der Cavallerie Grafen Wittgenstein, 16./28. Nov.

Der Generalmajor Fürst Repnin wird Ew. Exc. darüber berichten, daß ich ihm nach zwei Tagen reiflicher Ueberlegung rathen zu müssen geglaubt habe, Herrn v. York nicht zu schreiben, da dieser General auf einen Brief, den ich ihm am 2. Nov. über denselben Gegenstand geschrieben, noch nicht geantwortet hatte.

Da Fürst Repnin nicht glaubte, meiner Ansicht folgen zu dürfen, so habe ich ihm die Mittel zur Uebersendung seines Briefs um so weniger verweigern können, als Ew. Exc. mir die Ehre erwiesen hatten, mich davon zu benachrichtigen, daß es auf Befehl des Kaisers geschehe.

Kaum war das Schreiben des Fürsten Repnin abgegangen, so erhielt ich vom General York eine Antwort auf meinen Brief, welcher durch-

qu'il ne se refuse pas entierement d'entrer en quelques relations avec moi, et comme à la lettre du Prince Repnin il n'a pas encore répondu, il est à supposer, qu'il est faché, que plusieurs individus soient du sécret.

J'en ai fait rapport à sa Majesté, afin qu' Elle daigne charger exclusivement Vous ou moi de cette négociation. Je suis cependant persuadé, que si Votre position actuelle, mon Général, pouvoit vous mettre en relation direct avec les Prussiens, Vous seriez plus à même que moi, de réussir, puisque Vous avés été jadis dans de tels rapports avec eux, mais comme, V. E., Vous avez reçu une direction, qui Vous éloigne d'avantage de ces troupes, par consequence il me paroit difficile, que Vous puissies suivre la marche d'une telle affaire (vom 16./28. Nov., vom Marquis.)

7. A Monsieur le Général Yorck.
(Vom Marquis, vom 19. Nov./1. Dec.)

Le lettre dont V. E. m'a honoré en date du 8./20. Novembre, me confirme pleinement dans l'opinion que j'avois conçue d'avance de Votre loyauté, ainsi que de Votre patriotisme.

---

sehen zu lassen scheint, daß er nicht ganz abgeneigt sei, mit mir in Unterhandlung zu treten, und da er den Brief des Fürsten Repnin noch nicht beantwortet hat, so ist anzunehmen, daß der General darüber ungehalten ist, daß mehrere Personen das Geheimniß theilen.

Ich habe Sr. Maj. darüber berichtet, damit Se. Maj. geruhe, entweder Sie oder mich ausschließlich mit dieser Verhandlung zu betrauen. Ich bin übrigens davon überzeugt, daß, wenn Ihre gegenwärtige Position, Herr General, Sie in directe Beziehung zu den Preußen setzte, Sie besser wie ich zum Ziele kämen, da Sie aber eine Direction verfolgen, die Sie mehr und mehr von diesen Truppen entfernt, so dürfte es, wie mir scheint, schwierig sein, daß Sie den Gang einer solchen Angelegenheit verfolgen.

7. Brief des Marquis Paulucci an den General York,
19. Nov./1. Dec.

Der Brief, mit welchem Ew. Exc. mich unter dem 8./20. Nov. beehrt haben, befestigt mich durchaus in meiner im Voraus gefaßten Meinung über ihre Loyalität, wie über ihren Patriotismus.

Rien de plus juste que l'observation, que Vous faites, Mr. le Général, que l'homme mûri par l'expérience ne doit jamais hazarder l'inte rêt sacré de son Roi et de sa patrie, par une action emancipée et prematurée. Cependant ce moment de prendre un parti conforme aux interêts de Votre Roi et de la Prusse est arrivé, ou bien il ne doit jamais avoir lieu.

Les bulletins ci-joints, dont je garantis sur mon honneur l'authenticité du contenu, suffiront, je l'éspère, pour faire connoître à Votre Exc. d'une manière indubitable, que l'état dans lequel se trouve l'Attila moderne est déséspéré, si la Prusse veut s'empares du rôle qui lui convient, et venger les injures souffertes.

Le seul et unique objet que sa Majesté l'Empereur de Russie a en vuë, est celui d'assurer la liberté politique des Nations Européennes et principalement de celles qui sont en rapport de frontières avec ses états.

Ce principe, dicté à l'Empereur par son propre interêt, est par

---

Es kann nichts richtiger sein, Herr General, als die von Ihnen gemachte Bemerkung, ein durch die Erfahrung gereifter Mann dürfe das geheiligte Interesse seines Königs und seines Vaterlandes niemals durch eine gewagte und verfrühte Handlung aufs Spiel setzen. Indessen ist dieser geeignete Augenblick, um einen den Interessen Ihres Königs und Ihres Vaterlandes entsprechenden Entschluß zu fassen, bereits gekommen — oder er wird niemals kommen.

Die beiliegenden Bulletins — und für die Aechtheit des Inhalts derselben verbürge ich mich mit meiner Ehre — werden, wie ich hoffe, dazu hinreichen, Ew. Exc. in zweifelloser Weise davon zu überzeugen, daß die Lage, in welcher der moderne Attila sich befindet, sobald Preußen die ihm zukommende Rolle ergreift und die erlittenen Beleidigungen rächt — eine wahrhaft verzweifelte wird.

Das alleinige und einzige Ziel, welches Se. Maj. der Kaiser von Rußland verfolgt, ist dieses, die politische Freiheit der europäischen Nationen und besonders derjenigen, welche an den Grenzen seiner Staaten liegen.— zu sichern.

Dieses, dem Kaiser durch seinen eigenen Vortheil dictirte Princip ist an und für sich ein sehr sicherer Bürge für Preußen. Im Uebrigen

lui même un bien sûr garant pour la Prusse. D'ailleurs les sentiment personnels d'amitié, que mon Auguste Maître professe envers Sa Majesté le Roi de Prusse, et ses principes de loyauté connus de tout le monde, suffisent pour ôter toute sorte de crainte sur l'employ de cette préponderance que la Russie est au moment de prendre, ni sur sa constance à soutenir son allié en cas de revers, cependant non supponible.

Comme les nations fondent leur sûreté sur la foi de traités, j'offre à V. E. d'en établir un, qui, fondé sur les interêts réciproques de nos Souverains, obtiendra d'abord la sanction de mon Auguste Maître, auquel je rends compte personellement eui seul, de tels objets qui, comme V. E. l'a bien rémarqué dans sa lettre, doivent être conduits avec loyauté, sécret et prévoyance.

J'ai reçu la lettre adressée au Général Major Prince Repnin, que je ne lui ai pas fait passer, sa mission devenant nulle par la plénitude de pouvoir que Sa Majesté Impériale a daigné me conférer.

---

reichen die Gefühle persönlicher Freundschaft, welche mein Erlauchter Monarch für Se. Maj. den König von Preußen hegt, so wie die weltbekannte Loyalität seiner Principien hin, um jede Furcht vor dem etwaigen Gebrauch des Uebergewichts, das Rußland zu gewinnen im Begriff ist, ebenso hinwegzuräumen, wie den etwaigen Zweifel an der Beständigkeit Rußlands, seinen Alliirten für den etwaigen — übrigens gar nicht anzunehmenden Fall des Mißlingens zu unterstützen.

Da die Völker ihre Sicherheit auf die Heiligkeit der Verträge begründen, so schlage ich Ew. Excellenz vor, einen auf die beiderseitigen Interessen unserer Herrscher gegründeten Vertrag abzuschließen, welcher sofort die Sanktion meines erhabenen Monarchen erhalten wird, dem allein und persönlich ich in solchen Angelegenheiten, die, wie Ew. Excellenz in Ihrem Briefe richtig bemerken, mit Loyalität, Verschwiegenheit und Vorsicht geführt werden müssen — Rechenschaft ablege.

Den an Generalmajor Fürsten Repnin gerichteten Brief habe ich erhalten aber nicht abgehen lassen, da die Mission des Fürsten, durch die Unbeschränktheit der Vollmacht, welche S. K. M. mir anzuvertrauen geruht hat, null und nichtig geworden ist.

Monsieur le Général, le temps presse; chaque moment est précieux: ainsi daigné donc prendre les mesures que Vous jugerés conformes à Vos devoirs, afin d'établir une convention qui fixe d'une maniére positive les rapports, dans lesquels nos deux cours doivent entrer.

Nous sommes tous deux soldats et par conséquence loin de nous toute finesse de la diplomatie, et notre mot de guerre soit comme Vous l'avés dit, — loyauté et sécret.

Comme V. E. aime mieux écrire en Allemand, je Vous prie de le faire toujours. Car je possède assez cette langue pour tout comprendre, ainsi que la parler; mais comme Vous comprenés très bien le françois, permettrs moi aussi de Vous écrire en cette langue; de cette maniére notre correspondence pourra se faire sans intermediaires. — J'attends avec impatience Votre reponse; et en attendant daignés agréer l'assurance etc.

***

Die Zeit drängt, Herr General, und jeder Augenblick ist kostbar; haben Sie darum die Güte, diejenigen Maßregeln, welche Sie für Ihrer Pflicht entsprechend halten, zu ergreifen, um eine Convention abzuschließen, welche die Beziehungen, in welche unsere beiden Höfe treten sollen, in positiver Weise feststellt.

Wir sind beide Soldaten und darum liegen uns alle Feinheiten der Diplomatie weit ab, unser Kriegsruf sei — wie Sie gesagt haben, — Loyalität und Verschwiegenheit.

Da Ew. Excellenz es vorziehen, Deutsch zu schreiben, so ersuche ich Sie, solches stets zu thun. Ich beherrsche diese Sprache genugsam, um Alles zu verstehen und um mich in ihr mündlich ausdrücken zu können; da Sie die französische Sprache aber sehr gut verstehen, so erlauben Sie mir wieder Ihnen französisch zu schreiben. Auf diese Weise wird unser Briefwechsel ohne Mittelsmann geführt werden können. Ich erwarte Ihre Antwort mit Ungeduld. Genehmigen Sie unterdessen die Versicherung u. s. w.

8. A Sa Majesté Impériale.
(Vom Marquis, vom 20. Nov./2. Dec. 1812.)

Le lendemain que le Général-Major Prince Repnin est parti pour réjoindre le Comte Witgenstein, j'ai reçu par un parlémentaire la lettre ci-jointe, que j'ai ouverte d'après ce qui a été convenue avec le Prince, et d'abord j'ai adressée au Général Yorck celle, que j'ai l'honneur de soumettre ici à la connoissance de Votre Majesté Impériale.

J'ai cru devoir presser la chose, car le moment est urgent, et si Monsieur Yorck vouloit au moins se décider à se rétirer sur la frontière de la Prusse, je scrois alors à même d'agir sur celle de la Litthuanie, afin de me mettre en rélation avec l'Admiral Tchitschagoff.

Je saissis cette occasion pour renouveller à V. M. J. ma tréshumble prière, pour une résolution à mon raport du 14. Novembre, rélativement aux affaires avec la Prusse.

(Das Uebrige des Schreibens beschäftigt sich mit andern Gegenständen.)

---

8. Marquis Paulucci an den Kaiser Alexander, 20. Nov./2. Dec. 1812.

Tags, nachdem der Generalmajor Fürst Repnin abgereist war, um zum Grafen Wittgenstein zurückzukehren, erhielt ich den beiliegenden Brief durch einen Parlamentair. Einem mit dem Fürsten getroffenen Uebereinkommen gemäß, öffnete ich den Brief und richtete gleich darauf an den General York das Schreiben, welches ich beiliegend Ew. Majestät zu unterbreiten die Ehre habe.

Ich habe die Angelegenheit beeilen zu müssen geglaubt, da der Augenblick drängt; entschließt Herr von York sich wenigstens dazu, sich an die preußische Grenze zurückzuziehen, so werde ich im Stande sein, gegen die lithauische Grenze zu operiren, um mich mit dem Admiral Tschitschagow in Beziehung zu setzen.

Ich ergreife diese Gelegenheit, um Ew. K. M. gegenüber meine allerunterthänigste Bitte um Entscheidung bezüglich meines Berichts vom 14. Nov. in Sachen der preußischen Angelegenheiten — zu erneuern. —
(u. s. w.)

9. General York an den Marquis Paulucci.

Mein Herr General!

Ew. Excellenz sehr verehrliches Schreiben vom 19. Nov./1. Dec. hab' ich die Ehre gehabt zu erhalten. Der Inhalt dieses Schreibens ist indeß so wichtig, daß es erst einer genauen Prüfung und Berathung bedarf, ehe ich darauf antworten kann. Ich muß daher um eine kleine Frist bitten. Genehmigen Ew. Excellenz aber bei dieser Gelegenheit die erneute Versicherung von der ausgezeichnetesten Hochachtung u. s. w.

Mitau, den 5. Dec./23. Nov. 1812.   v. York.

10. A Sa Majesté Impériale.

(Vom Marquis, vom 25. Nov./7. Dec. 1812.)

Par mon très-humble rapport en date du 20. de ce mois, j'ai eu l'honneur de soumettre à la connoissance de V. Majéste Imperial la lettre que j'avois écrite le jour précedent au Général Yorck. Aujourd'hui je m'empresse de Vous présenter, Sire, sa reponse, qui d'aprés ma maniére de voir est une preuve, que ma lettre a été expediée au Roi, duquel il attend les ordres. avant de me faire une reponse cathegorique.

Comme V. M. jusqu'à Présent n'a jugé à propos de rien décider sur cette négociation, j'aurois dû ne pas la continuer, mais persuadé si elle doit être continuée diplomatiquement, elle ne réussira pas, ou

9. (Siehe oben.)

10. Marquis Paulucci an den Kaiser Alexander, 25. Nov./7. Dec. 1812.

Ich habe die Ehre gehabt, Ew. Majestät durch meinen alleruntertänigsten Bericht vom 20. d. M. von meinem Tags zuvor an den General York geschriebenen Brief in Kenntniß zu setzen. Heute, Sire, beeile ich mich, Ihnen York's Brief zu unterbreiten; wie mir scheint, legt derselbe einen Beweis dafür ab, daß mein Brief an den König gesandt worden ist und daß der General, ehe er mir eine kategorische Antwort giebt, die Befehle desselben erwartet.

Da Ew. Majestät es bis jetzt nicht für geeignet gehalten haben, irgend etwas bezüglich dieser Unterhandlungen zu entscheiden, so hätte ich dieselben eigentlich nicht fortsetzen sollen. In der Ueberzeugung aber, daß diese Angelegenheit, wenn sie durch Diplomaten geführt wird, gar nicht

elle sera conduite trop tard à son terme, j'ai crû devoir prendre sur moi de presser la chose, en m'exposant trés volontiers au risque d'être sacrifié comme ayant agi sans autorisation, si je parviendrois à conclure un traité qui ne convient à Votre Majesté.

Quelque puisse être le resultat de cette affaire, j'aurai toujours pour moi même la satisfaction, d'avoir agi d'après mon intime conviction, laquelle n'admet point les petites considérations du courtisan.

Mes éspions assurent, qu'il existe déja parmi le Maréchal Macdonald et le Général Yorck la plus grande mésintelligence. L'on prétend même que celui-ci se soit opposé à des mouvemens que le Maréchal vouloit faire.

Comme d'ailleurs les bulletins de nos victoires, que je fais imprimer ici et répandre en Courlande, paroissent avoir produit de l'effet parmi les Prussiens, comme le prouve le rapport ci-joint du Général-Major Weljaminow, j'ai crû devoir faire répandre sans perte de tems l'appel ci-joint, le quel malgré qu'il ne soit pas dans

---

oder doch zu spät zum Ziel gelangen wird, habe ich eine Beschleunigung derselben über mich nehmen zu müssen geglaubt und mich dabei bereitwillig der Gefahr ausgesetzt, für den Fall, daß ich einen Ew. Maj. nicht wohlgefälligen Vertrag abschließen sollte — als Unterhändler ohne Vollmacht geopfert zu werden.

Mag der Erfolg dieser Angelegenheit beschaffen sein, wie er wolle, — für mich werde ich immer die Befriedigung haben, nach meiner besten Ueberzeugung — nach einer Ueberzeugung gehandelt zu haben, welche den kleinlichen Erwägungen des Hofmannes unzugänglich war.

Meine Spione berichten mir, daß zwischen dem Marschall Macdonald und dem General York das übelste Verhältniß besteht; man behauptet sogar, Letzterer habe sich Bewegungen, welche der Marschall beabsichtigt, widersetzt.

Da indessen die Bulletins über unsere Siege, welche ich habe drucken und in Kurland verbreiten lassen, unter den Preußen Eindruck gemacht zu haben scheinen (wie solches der beiliegende Bericht des Generalmajor Weljaminow bezeugt), so habe ich es für nothwendig gehalten, den beiliegenden Aufruf ohne Zeitverlust verbreiten zu lassen. Dieser Aufruf wird, wenn er gleich nicht in einem deutschen Styl abgefaßt ist, da ich

un style allemand, que je ne posséde pas, remplira, je crois, cependant le but auquel je l'ai destiné.

11. A Mr. le Lieutenant-Général Yorck.
(Vom Marquis, vom 25. Nov./7. Dec. 1812.)

J'ai reçu la lettre que Votre Exc. m'a fait l'honneur de m'écrire en date du 23. Nov./5. Dec. Vous avés certainement raison, Mr. le Général, de trouver le contenu de ma lettre de la plus haute importance; mais j'avoue avec la franchise d'un soldat, que le tems que Vous voulés avoir pour méditez sur mes propositions, seroit bien mieux employé à agir. Le moment actuel ne reviendra jamais, malheur à ceux qui ne sauront pas en tirer parti.

D'aprés ma manière de voir, l'on ne doit point être embarassé à décider, si la Prusse doit ou non faire encore cause commune avec la France; mais la question peut seulement verser sur les mesures à prendre pour effectuer le changement de systême de manière d'en assurer le succès.

Pour parvenir à effectuer avec toute la prévoyence necessaire

einen solchen nicht beherrsche, — doch, wie ich hoffe, das von mir bestimmte Ziel erreichen.

11. Marquis Paulucci an den Generallieutenant Yorck, 25. Nov./7. Dec.

Das Schreiben, mit welchem Ew. Excellenz mich unter dem 23. November/5. December beehrt haben, habe ich erhalten. Sie haben gewiß Recht, Herr General, wenn Sie dem Inhalt meines Briefes die höchste Wichtigkeit beimessen; mit der Offenheit eines Soldaten gestehe ich Ihnen aber, daß die Zeit, welche Sie zu Erwägungen über meine Vorschläge wünschen, besser zum Handeln angewandt würde. Der gegenwärtige Augenblick wird niemals wiederkehren und wehe Denen, die ihn nicht richtig zu benutzen wissen.

Meiner Ansicht nach bietet die Entscheidung darüber, ob Preußen noch mit Frankreich gemeinschaftliche Sache machen soll oder nicht, keine weiteren Schwierigkeiten; es handelt sich, meiner Ansicht nach, nur noch um die Wahl der Mittel, welche geeignet sind, den Systemwechsel in einer Weise zu bewerkstelligen, welche einen Erfolg sichert.

Soll diese Veränderung wirklich mit der nothwendigen Vorsicht aus-

un tel changement, il est de la plus haute importance, que je puisse avoir l'honneur d'entretenir personellement V. Exc. et pour cet éffet je Vous prie, mon Général, de vouloir me fixer un rendes-vous ou je me rendrai avec toute la confiance, que j'ai sur Votre probité. Je crois, qu'une entrevuë suffirait d'applanir toutes les difficultés; si cependant Vous craignés de Vous compromettre envers le Maréchal, pour lors veuillés bien choisir un individu, au quel Vous ayés une parfaite confiance, et de mon côté j'offre à Votre Excellence, si vous l'approuvés, de destiner à cet objet le Comte Dohna, qui servoit jadis dans votre Etat-Major, et qui est ici sous le nom de Norderbourg, Major de la Legion Allemande et que Sa Majesté l'Empereur m'a envoyé, afin que si je le juge à propos, je puisse l'employer dans de telles affaires.

Si cependant Votre Exc. ne désire pas, que le Comte Dohna soit du sécret, lequel jusqu'à présènt l'ignore absolument, pour lors je pourrai destiner le Lieutenant-Général Loewis.

Cependant je ne puis que renouveller mes instances, pour que

geführt werden, so ist es von der höchsten Wichtigkeit, daß mir die Ehre zu Theil werde, persönlich mit Ew. Excellenz zu verhandeln. Zu diesem Zweck ersuche ich Sie, Herr General, mir eine Zusammenkunft anzusetzen, zu welcher ich mich mit all' dem Vertrauen, welches ich auf Ihre Redlichkeit setze, einfinden werde.

Eine persönliche Zusammenkunft würde, wie ich glaube, leicht alle Schwierigkeiten ebenen; fürchten Sie indessen sich vor dem Marschall zu compromittiren, so haben Sie die Güte, Jemand zu wählen, zu dem Sie volles Vertrauen haben. Zu meinem Abgesandten will ich, wenn Ew. Excellenz es billigen, den Grafen Dohna bestimmen, der früher in Ihrem Generalstab gedient hat und unter dem Namen v. Norderburg als Major der deutschen Legion hier anwesend ist und den S. M. zu mir gesandt hat, damit ich ihn, wenn es mir passend schiene, zu dergleichen Geschäften verwenden könne.

Wünschen Ew. Excellenz indessen nicht, daß der Graf Dohna, der bis jetzt Nichts weiß, das Geheimniß theile, so würde ich den Generallieutenant Loewis zu diesem Zweck bestimmen.

Indessen kann ich nicht umhin, meine dringende Bitte um eine persön=

V. Exc. veuille bien m'accorder avec elle-même cette entrevuë, de la quelle j'ose éspérer les plus heureux résultats.

Comme les interêts de nos deux Souverains ne peuvent différer que dans la forme de les faire valoir, le but auquel ils visent, étant certainement d'assurer la liberté politique de leurs peuples, et V. Exc. ainsi que moi, n'ayant d'autres objets en vuë, que de les bien servir, ainsi je crois, que d'accord sur le principe, nous le serions bientôt sur les moyens d'execution.

J'attends avec l'impatience naturelle aux circonstances actuelles Votre réponse.

12. General York an den Marquis Paulucci.

Mein Herr General!

Ew. Excellenz werden durch meine früheren Aeußerungen und durch die Grundsätze, so ich aufgestellt habe, bereits überzeugt sein, daß ein einzelnes Handeln und Eingreifen in das Allgemeine, außerhalb meinen Absichten und außerhalb meinem Charakter liegt.

Ich habe meinen vertrautesten Adjutanten nach Berlin geschickt; ich erwarte ihn unverzüglich zurück. Verzeihen Ew. Excellenz, wenn ich über den Augenblick, den Sie jetzt für entscheidend halten, anderer Meinung bin. Was könnte in diesem Augenblick ein Corps von 12 bis 13,000 Mann, das sich erst eine Verbindung erringen müßte, für einen großen Einfluß auf die entfernte Rückzugslinie der großen Armee haben? Nach den neuesten Begebenheiten ist ein Rückzug hinter den Niemen oder die Weichsel nicht

liche Conferenz mit Ew. Excellenz zu erneuern, da ich von einer solchen die glücklichsten Resultate zu erwarten wage.

Da die Interessen unserer beiden Souveräne nur bezüglich der Form, in welcher sie geltend gemacht werden sollen, aus einander gehen können, die Absicht beider aber zweifellos darauf hingeht, die politische Freiheit ihrer Völker zu sichern, und da Ew. Excellenz sowohl als ich keine andere Absicht verfolgen, als die, unsern Herrschern in rechter Weise zu dienen, so glaube ich daß wir, da wir über das Princip einig sind, uns auch bald über die Mittel zu seiner Ausführung verständigen werden.

Ihre Antwort erwarte ich mit einer Ungebuld, wie sie unter solchen Umständen natürlich ist.

12. (Siehe oben.)

Eckardt, York und Paulucci. 6

füglich mehr zu verhindern. Es würde vielleicht jetzt nichts Erwünschteres geschehen können, als Preußen einer Zweideutigkeit zu beweisen, um es erdrücken und so auf diese Weise als Eroberer erscheinen zu können.

Ein Schritt von meiner Seite würde den König aus seinen Staaten entfernen. Alle Kräfte würden zersplittert werden, es würden keine Vereinigungspunkte mehr stattfinden; mit einem Worte der Staat würde verloren sein.

Der Zeitpunkt, wo dieser Staat im Ganzen und unter einem Willen wirken muß, kann, darf und wird nicht verzögert werden.

Ew. Excellenz sind ein zu allgemein anerkannter scharf sehender und denkender Staatsmann, als daß ich es wagen dürfte, Sie zu bitten, den wahren Moment von dem scheinbaren abzusondern.

Eine Unterredung mit Ew. Excellenz, so sehr ich sie auch wünsche, ist unmöglich; ich werde zu genau beobachtet; man wünschte nichts mehr, als einen Beweis gegen mich. Eben so schwierig ist die Absendung eines Vertrauten. Ich habe nur einen Adjutanten, der mein ganzes Vertrauen in einer so delicaten Sache besitzt; er ist jetzt in Berlin; auch kann ich, wie ich Ew. Excellenz schon zu sagen die Ehre gehabt, nichts thun, was nicht in Verbindung mit dem Ganzen steht.

Der alte Verdacht gegen meine Person ist durch die Verhältnisse bei der Armee wieder erwacht; meine Abberufung vom Corps ist so gut als bestimmt; ich erwarte nur noch meinen Nachfolger.

Genehmigen Ew. Excellenz ⁊c.

Mitau, b. 8. Dec. (26. Nov.) 1812.   v. York.

13. A Mr. le Lieutenant-Général Yorck.
(Vom Marquis, vom 29. Nov./11. Dec. 1812.)

J'ai reçu la lettre de V. E. en date du 8. Dec./26. Nov. et je me fais un devoir d'y répondre d'abord.

L'envoi de Votre aide-de-Camp à Berlin a été certainement

---

13. **Marquis Paulucci an den Generallieutenant York, 29. Nov. (11. Dec.) 1812.**

Ew. Excellenz Schreiben vom 8. Dec./26. Nov. habe ich erhalten und fühle ich mich verpflichtet dasselbe zu beantworten.

Die Absendung Ihres Adjutanten nach Berlin war ohne Zweifel eine nothwendige Maßregel, ich zweifle aber sehr daran, daß die gegen=

une mésure necessaire, mais je doute très fort, que les circonstances actuelles pussent permettre d'attendre son retour, sans risquer de laisser échapper le vrai moment pour prendre son parti.
Pour mieux discuter le contenu de Votre lettre, permettés, Mr. le General, que je réponde à chaque article séparement.
1. V. Exc. me demande, quelle grande influence pourroit avoir un corps de 12 à 13/m. hommes, contre une ligne si eloignée du retraite de la grande armée. J'ai l'honneur de répondre à cela, que ce corps de 12 à 13/m. hommes seroit porté au delà du double de la force si V. E. le voudroit: car je suis prêt, mon Général, à me réunir d'abord à V. Exc. avec trois fortes brigades d'infanterie, une très-forte de Cavallerie, et quatre compagnies d'artillerie légère.
2. V. Exc. me fait la très-juste observation, que Napoléon vise d'effectuer sa retraite derrière le Niemen et la Vistule. A cela je dois observer, qu'outre qu'il rencontrera beaucoup d'obstacles par les mouvemens que fait le Général Comte Witgenstein, qui se trouve

wärtigen Verhältnisse es gestatten, seine Rückkehr abzuwarten, ohne daß Sie Gefahr laufen sollten, sich den rechten Moment für eine Entscheidung entgehen zu lassen.

Gestatten Sie mir, Herr General, daß ich, um in den Inhalt Ihres Schreibens bequemer einzugehen, auf jeden einzelnen Punkt desselben gesondert antworte:

1. Ew. Excellenz fragen mich, welchen Einfluß denn ein Corps von 12 bis 13,000 Mann gegen eine Linie, welche soweit von dem Rückzug der großen Armee abliegt, — ausüben könne? Ich habe die Ehre darauf zu antworten, daß dieses Corps von 12 bis 13,000 Mann, wenn Ew. Excellenz wollten, über das Doppelte seiner gegenwärtigen Stärke hinaus vermehrt werden könnte, denn ich, Herr General, bin bereit, mit drei starken Infanterie=Brigaden, einer sehr starken Cavalerie=Brigade und vier Compagnien leichter Artillerie zu Ew. Excellenz zu stoßen.

2. Ew. Excellenz machen mir die sehr richtige Bemerkung, Napoleon beabsichtige seinen Rückzug hinter den Niemen und die Weichsel zu bewerkstelligen. Ich muß dagegen bemerken, daß Napoleon durch die Bewegungen, welche der auf seiner rechten Flanke befindliche General Graf Wittgenstein unternehmen wird, auf bedeutende Schwierigkeiten

sur son flanc droit, ces obstacles deviendront insurmontables, si nous agissons de concert avec ce Général.

3. V. Exc. croit, que dans ce moment Napoléon desire d'avoir un motif de mécontentement pour detruire la Prusse. Pour moi je crois que cela ne sera pas pendant sa rétraite qu'il voudra chercher quérelle, mais il la cherchera tout de suite après, qu'il aura effectué sa rétraite et rassemblé de nouvelles forces; que la Prusse lui donne motif ou non, d'après son infernale politique, il doit la détruire, car il sait bien, que si elle ne s'est pas déclarée contre lui, ce n'est pas faute de volonté, mais manque d'énergie; et pour des prétextes, en a-t-il jamais manqué?

4. V. Exc. croit, qu'un pas de Votre part féroit éloigner le Roi de Ses Etats, que toutes les forces seroient disseminées, qu'il n'y auroit plus de point de réunion. „—Tout ceci à la lettre arrivera sans faute, lorsque Napoléon aura effectué sa rétraite en Prusse, si cette puissance ne le prévient pas dans le moment actuel.

---

stoßen dürfte, die unüberſteiglich werden müſſen, wenn wir im Einverſtändniß mit dieſem General handeln.

3. Ew. Excellenz glauben, daß Napoleon in dieſem Augenblick eine Veranlaſſung zur Unzufriedenheit zu haben wünſcht, um Preußen zu zertrümmern. Ich glaube meinerſeits, daß ſolches nicht während ſeines Rückzuges geſchehen wird, daß er allerdings Streit ſuchen wird, aber erſt, nachdem er ſeinen Rückzug bewerkſtelligt und neue Kräfte geſammelt haben wird. Mag Preußen ihm dazu Veranlaſſung geben oder nicht, ſeiner höllischen Politik gemäß, muß er es zertrümmern, weil er ſehr gut weiß, daß wenn dieſer Staat ſich nicht gegen ihn erklärt hat, ſolches nicht aus Mangel an gutem Willen, ſondern aus Mangel an Energie geſchehen iſt — und wann hätte es ihm an Vorwänden gefehlt?

4. Ew. Excellenz glauben, daß ein Schritt von Ihnen den König aus ſeinen Staaten entfernen, ſeine Kräfte zerſplittern, ihn um jeden Sammelplatz für dieſelben bringen könnte. Alles dieſes wird unfehlbar geſchehen, ſobald Napoleon ſeinen Rückzug nach Preußen bewerkſtelligt hat und wenn dieſer Staat ihm nicht in dem entſcheidenden Augenblick zuvorgekommen iſt.

5. Enfin V. E. me fait l'honneur de me dire, que le moment où cet Etat doit agir avec unité de force et de volonté, ne peut, ne doit et ne sera retardé. „Sur cela je répète ce que j'ai dit dans l'article précédent, que ce moment est perdre si Napoléon passe le Niemen, avant que la Prusse ne soit décidée.

Ayant répondu à chacune des remarques, que V. E. m'a fait l'honneur de me faire, voici actuellement celles, que je dois Vous soumettre.

V. E. n'ignore pas les sentimens qui lient nous deux Souverains. Si d'un côté l'Empereur, consequent à ces sentimens, desire, que l'on évite les occasions de se nuire reciproquement, puisque le résultat quel qu'il soit, est toujours favorable à Napoléon, d'autre part le plan général de nos opérations exige absolument que je coopère avec mon corps d'Armée aux mouvemens des autres armées, et

---

5. Endlich sagen Ew. Excellenz mir, daß der Augenblick, in welchem Preußen in Zusammenwirken von Kraft und Willen handeln werde, nicht verspätet werden werde, noch verspätet werden könne und dürfe. Hierauf kann sich nur wiederholen, was ich ad 4 bereits gesagt habe: daß dieser Augenblick verloren ist, wenn Napoleon den Niemen überschreitet, ehe Preußen sich entschieden hat.

Nachdem ich jede der Bemerkungen, welche Ew. Excellenz mir gemacht haben, beantwortet habe, beehre ich mich, Ihnen diejenigen Bemerkungen, die ich meinerseits zu machen habe, — zu unterbreiten.

Die Gefühle, welche unsere beiden Herrscher verbinden, sind Ew. Excellenz nicht unbekannt. Wünscht der Kaiser, seinen Gefühlen treu, von der einen Seite, daß alle Gelegenheiten sich gegenseitig zu schaden vermieden würden, weil das Resultat — mag es sein, welches es wolle — doch nur Napoleon zu Gute kommt, so fordert von der anderen Seite unser allgemeiner Operationsplan es bringend, daß ich mit meinem Armeecorps zu den Bewegungen der übrigen Armeen mitwirke; ich hätte bereits vor drei Tagen einen Angriff unternommen, wenn ich nicht gehofft hätte, Ew. Excellenz würden einen den gegenwärtigen Umständen entsprechenden Entschluß fassen. — Länger kann ich mit meiner Action nicht zaudern und — was das Peinlichste für mich ist — ich muß den Versuch machen eben diejenigen Truppen zu schlagen, die, Ihrer wie meiner Ansicht nach, binnen

il y a trois jours que j'aurois attaqué, si je n'avois pas esperé de voir V. E. prendre un parti analogue aux circonstances actuelles. Cependant je ne puis plus tarder a agir et ce qu'il y a de plus embarassant pour moi, c'est que je dois faire mes efforts pour battre ces mêmes troupes, qui d'après Votre manière de voir et la mienne doivent bientôt n'avoir qu'un seul et unique but. — Consentirés-Vous donc à vouloir Vous opposer, que j'éxécute des mouvemens, lesquels dans quelques jours peut être Vous séront aussi utiles, qu'il le sont pour nous dans ce moment?

Cette position extraordinaire exige absolument une mésure hardie, sans laquelle je ne saurois assés le répéter à V. E. qu'un moment aussi favorable pour la Prusse que celui d'à présent, pour se délivrer de son oppresseur, ne se presentera plus, et elle subira le sort du Piémont qui fut soumis à l'epoque où son Souverain avoit accordé à son infame allié un corps de troupes auxiliaires et au moment même qu'il venoit d'ouvrir ses forteresses, ses arsénaux et ses magasins.

Tel a été aussi le sort de la Republique de Venise detruite par Bonaparte au moment que forcé de signer les préliminaires de Léoben, il dût repasser le Tagliamento.

Kurzem ein und dasselbe Ziel verfolgen sollen. Werden Sie sich wirklich widersetzen wollen, wenn ich Bewegungen ausführe, welche Ihnen in einigen Tagen ebenso nützlich sein können, als sie es uns gegenwärtig sind?

Diese außerordentliche Lage der Dinge fordert gebieterisch eine kühne Maßregel; ohne eine solche — ich kann es Ew. Excellenz nicht oft genug wiederholen — wird ein dem gegenwärtigen gleich günstiger Augenblick für Preußen, sich von seinem Bedränger zu befreien, nicht wiederkehren und es wird alsdann das Loos Piemonts erleiden, welches in demselben Augenblick, in dem sein Monarch seinem schändlichen Verbündeten ein Corps von Hilfstruppen bewilligte, seine Festungen, Waffenvorräthe und Magazine öffnete — unterworfen wurde.

Das gleiche Schicksal hat die Republik Venedig gehabt, die von Bonaparte in demselben Augenblick zertrümmert wurde, in welchem dieser, zur Unterzeichnung der Leobener Präliminarien gezwungen, über den Tagliamento zurückgehen sollte.

Malheureusement l'expérience ne sert à rien, puisque chaque jour on retombe dans les mêmes fautes, qui comme de raison, conduisent aux mêmes resultats.

Mon Général! C'est au nom de l'humanité, au nom de Votre patrie et au nom de Votre propre gloire, que je Vous invite encore une de fois prendre sur Votre résponsabilité, vû l'impossibilité d'attendre les ordres de Berlin, de decider sur les propositions suivantes.

Il est certain, que si Sa Majesté le Roi de Prusse au commencement de cette guerre eût voulu se déclarer pour la Russie, la réunion de toutes ses troupes n'auroit pas pû d'abord avoir lieu, mais il auroit fallu, comme il en fut alors question, fixer troits points de rassemblement, savoir le 1^r en Silésie, le 2de en Pomeranie, et le 3me dans la Prusse orientale.

L'état actuel de choses n'a pas rapproché ni diminué les moyens disponibles de la Prusse; par consequence il faut, prendre les mêmes mesures; mais au contraire les revers incalculables des armées Françoises ont augmenté les probabilités du succès.

Erfahrungen nützen aber leider Nichts, da man täglich in dieselben Fehler zurück verfällt, welche denn auch mit innerer Nothwendigkeit zu denselben Resultaten führen.

Herr General! Im Namen der Menschlichkeit, im Namen Ihres Vaterlandes und Ihres eigenen Ruhms fordere ich Sie nochmals auf, in Anbetracht der Unmöglichkeit Befehle aus Berlin weiter abzuwarten, auf Ihre eigene Verantwortung über die nachstehenden Vorschläge zu entscheiden.

Es steht fest, daß S. M. der König von Preußen, hätte er beim Beginn dieses Krieges sich für Rußland erklären wollen, nicht im Stande gewesen wäre, alle seine Truppen zu sammeln; er hätte, wie schon damals in Vorschlag gebracht wurde, drei Sammelplätze bestimmen müssen, und zwar als ersten Schlesien, als zweiten Pommern und als dritten Ostpreußen.

Die gegenwärtige Lage der Dinge hat die disponiblen Kräfte Preußens weder näher an einander gerückt, noch vermindert; nach wie vor müssen darum dieselben Maßregeln ergriffen werden, nur mit dem Unterschiede, daß die unvorhergesehenen Unfälle der französischen Armeen die Wahrscheinlichkeit eines Erfolgs erhöht haben.

Si le corps sous les ordres de V. E. féroit sa jonction avec celui que je commande, et après que Vous auriez battu le peu de troupes qui resteroient à Macdonald, Vous avanceriés vers la Prusse en donnant la main au Comte Witgenstein, il en résulteroit 1° que nous forcerions Bonaparte à se retirer sur Warsowie, où le Maréchal Kutuzew le poursuiveroit. 2° Votre Corps, en s'approchant de la Prusse, seroit d'abord augmenté par tous les semestriers (Beurlaubte) et nous pourrions trouver le moyen d'entrer en rélation avec les troupes en Pomméranie, ou Colberg est encore au pouvoir de Roi. 3° Sa Majesté le Roi pourroit en même tems se rendre en Silésie, où il possède encore plusieurs forteresses, pour y retablir le rendésvous de toutes les troupes et séméstriers, qui ne pourroient pas se joindre au corps d'armée commandé par V. E.

Toutes ces combinaisons cessent d'avoir les probabilités du succès, dès que l'on veut attendre pour les éxécuter que Napoleon mette le pied en Prusse. Les forteresses seront d'abord occupées

Wenn das von Ew. Excellenz befehligte Corps sich mit dem von mir kommandirten vereinigte und, nachdem Sie dann die wenigen unter Macdonald verbliebenen Truppen geschlagen, gemeinsam mit dem Grafen Wittgenstein nach Preußen hin vorrückte, so würden wir erstens Bonaparte nöthigen, sich auf Warschau zurückzuziehen, wohin der Feldmarschall Kutusow ihn verfolgen würde, und würde zweitens Ihr Corps, indem es sich Preußen nähert, durch die Beurlaubten verstärkt werden und wir würden Mittel ausfindig machen können, um uns mit den in Pommern stehenden Truppen in Beziehung zu setzen, wo Colberg noch in der Hand des Königs ist; drittens endlich könnte S. M. der König sich gleichzeitig nach Schlesien begeben und in dieser Provinz, in der er noch mehrere Festungen besitzt, einen Sammelplatz für alle diejenigen Truppen und Beurlaubten eröffnen, die sich dem von Ew. Excellenz kommandirten Corps nicht anschließen können.

Alle diese Combinationen würden aufhören, die Wahrscheinlichkeit des Erfolges für sich zu haben, wenn man zu ihrer Verwirklichung den Eintritt Napoleon's in Preußen abwarten wollte. In diesem Falle würden zuvörderst die Festungen von Franzosen besetzt und die preußischen

par les François, et les troupes prussiennes seront éparpillies et
et amalgamées avec les autres ésclaves du Tyran.

Dans le cas que V. E. approuve ce plan, la veille de notre
jonction, que nous combinerions de manière pour qu'elle eût lieu
avec toutes les précautions necessaires, Vous expedierés un courier
à Sa Majesté le Roi de Pr. pour le prévenir de tout, afin qu'il puisse
agir en conséquence.

Si V. E. ne croit pas absolument pouvoir se décider à executer
ce plan, et à se mettre d'abord à la tête d'une armée Russe-Prus-
sienne, qui décideroit du sort de la Prusse et rapprocheroit l'époque
de la destruction totale des Armées françoises, réfléchissés au
moins, que V. E. en s'opposant avec vigeur aux opérations que je
dois entreprendre, agiroit en contradiction avec sa propre conviction,
en opposition aux vuës de son roi, et contre les interêts les plus
sacrés de sa patrie.

Je demande donc à V. E. qu'en cas que Vous ne puissiés pas
anticiper le moment de notre alliance, que vous croyés ne pouvoir,
ni ne devoir pas être eloigné, veuillés alors, Mr. le Général, au

---

Truppen zerstreut und mit den übrigen Sklaven des Tyrannen amalga=
mirt werden.

Billigen Ew. Excellenz diesen Plan, so hätten Sie kurz vor
unserer mit aller nothwendigen Vorsicht zu bewerkstelligenden Vereini=
gung einen Courier S. M. dem König von Preußen abzusenden, um
S. M. von Allem zu unterrichten, damit er demgemäß handeln könne.

Können Ew. Excellenz sich durchaus nicht dazu entschließen, diesen
Plan auszuführen und sich sofort an die Spitze einer russisch=preußischen
Armee zu stellen, welche das Schicksal Preußens entscheiden und den Zeit=
punkt der gänzlichen Auflösung der französischen Armeen beschleunigen
würde, so mögen Ew. Excellenz in Erwägung ziehen, daß Sie, wenn Sie
sich mit Gewalt den Operationen widersetzten, welche ich unternehmen
muß, — Sie gegen ihre eigene Ueberzeugung, gegen die Absichten Ihres
Königs und gegen die heiligsten Interessen Ihres Vaterlandes handeln
würden.

Ich ersuche Ew. Excellenz darum, daß Sie für den Fall, daß Sie
den Augenblick unserer Vereinigung (von dem Sie glauben, er könne und

moins vous decider à Vous retirer près de Memel, sous le titre très plausible de vouloir couvrir la Prusse, et de mon coté je vous promets, sur mon honneur, de ne chercher point à molester Votre marche, et je ne ferai que les demonstrations que Vous jugerés à propos, pour ne pas Vous compromettre envers nos ennemis; et faites moi savoir le jour de la marche, Votre direction et Votre destination; en attendant la réponse de Berlin viendra.

Veuillés bien, Mr. le Général, réfléchir sur tout ce que j'ai l'honneur de Vous exposer et de me faire connoître Votre resolution, afin que je puisse me régler en conséquence.

Si jamais Vos sentimens et Votre loyauté Vous attirent la persécution Françoise, contre la quelle S. M. le Roi ne crût pas devoir Vous mettre à couvert, V. Exc. peut alors être bien persuadée, d'après le caractère connu de mon Auguste Souverain et maître, de trouver en Russie un asyle sûr et honorable.

Je prie V. E. de vouloir agréer etc. etc.

---

dürfe nicht entfernt sein) nicht anticipiren können, — daß Sie sich, Herr General, alsdann wenigstens entschließen wollten, sich in die Nähe von Memel zurückzuziehen, wobei Ihnen der sehr plausible Vorwand zu statten käme, Preußen decken zu wollen; in diesem Fall würde ich Ihnen auf meine Ehre versprechen, ihren Marsch nicht zu belästigen und nur diejenigen Demonstrationen vorzunehmen, die Ihnen geeignet erscheinen, um Sie nicht dem Feinde gegenüber zu compromittiren. Geben Sie mir den Tag des Abmarsches, Ihre Richtung und deren Endpunkt zu wissen — unterdessen wird die Antwort aus Berlin anlangen.

Haben Sie die Güte, Herr General, Alles was ich die Ehre hatte Ihnen zu unterbreiten, in Ueberlegung zu ziehen und mich von Ihrer Entscheidung in Kenntniß zu setzen, damit ich mich nach derselben richten kann.

Sollte Ihre Gesinnung und Ihre Loyalität Ihnen jemals französische Verfolgungen zuziehen, gegen welche S. M. der König Sie nicht schützen zu müssen glauben sollte, so können Ew. Excellenz fest davon überzeugt sein, daß Sie, gemäß dem bekannten Charakter meines erhabenen Herrschers in Rußland ein sicheres und ehrenvolles Asyl finden würden.

Ich ersuche Ew. Excellenz u. s. w.

14. A Sa Majesté Impériale.

(Vom Marquis, vom 30. Nov./12. Dec. 1812.)

J'ai l'honneur de porter à la connoissance de Votre Maj. Imp. sous la A., ce que j'ai écrit au Général Yorck en réponse de sa lettre en date du 5. Dec./23. Nov., que j'ai soumise à V. M. avec mon rapport du 2e de ce mois. Sous la lettre B., je vous présente, Sire, l'interessante réponse du Général Yorck et enfin sous la lettre C. ce que je viens de lui écrire. Pour le projet que j'ai fait au Gen. Yorck de se réunir à moi, je n'espère pas qu'il l'accepte et je serais assés content, s'il se décidoit à se retirer avec son corps; pour lors, malgrés que je serois encore inférieur à Mr. Macdonald, je n'hésiterais cependant pas un seul instant de l'attaquer et de tacher de cooperer aux mouvemens du Général Comte Witgenstein.

Il y a cependant tout lieu de croire que Mr. Yorck ne se decidera à rien jusqu'au ce qu'il reçoive la réponse qu'il attend de Berlin.

---

14. Marquis Paulucci an den Kaiser Alexander, 30. Nov./12. Dec.

Ich habe die Ehre Ew. Majestät unter Lit. A. den Brief zur Kenntniß zu bringen, den ich dem General York in Beantwortung seines Schreibens vom 5. Dec./23. Nov. (welches ich Ew. Majestät mit einem Bericht vom 2. d. M. unterbreitete) geschrieben. Sub Lit. B. übersende ich Ihnen, Sire, die interessante Antwort des General York und sub Lit. C. den Brief, den ich ihm soeben geschrieben. Was den von mir dem General York gemachten Vorschlag anlangt, sich mit mir zu vereinigen, so glaube ich nicht, daß er denselben annehmen wird und bin ich es schon zufrieden, wenn er den Entschluß faßt, sich mit seinem Corps zurückzuziehen. Für diesen Fall würde ich, obgleich schwächer als Macdonald, keinen Augenblick zaudern, ihn anzugreifen und den Versuch zu machen, mit den Bewegungen des Generals Grafen Wittgenstein zu cooperiren.

Es ist indessen aller Grund zu der Annahme vorhanden, daß Herr v. York sich, bevor er die aus Berlin erwartete Antwort erhalten, zu Nichts entschließen werde.

Le comte Witgenstein, en date du 17, me fait part de ses succès, et finit par me dire:

„Le Généreaux Platow et Miloradowitch et l'Amiral Tchitchagow poursuivent l'ennemi et tournent sa gauche. Je fais la même chose sur sa-droite. Je compte suivre pendant quelques jours cette direction, d'où je tournerai sur Kaidani ou Wilcomir, afin d'empêcher la jonction du corps de Macdonald et de la grande Armée Françoise. Je comte exécuter cette manoeuvre dans la quinzaine. Je ne manquerai pas des communiquer à V. E. le plan de mes opérations plus en detail, afin que Vous puissiez y coopérer. J'ai l'honneur d'être etc.

Je lui ai d'abord répondu, en lui envoyant le tableau de la force et de la position de l'armée de Macdonald: Qu'au moment où ce Maréchal fera un mouvement rétrograde, je ne laisserai à Riga et à Dunamünde, que ce qu'il faut absolument pour garder ces deux places, et je me mettrai à la tête d'un corps de 10/m hommes, que je viens d'organiser, et que je tâcherai de coopérer avec vigueur à

Graf Wittgenstein hat mir unter dem 17. über seine Erfolge Mittheilung gemacht und folgendermaßen seinen Brief beschlossen:

„Die Generale Platow und Miloradowitsch und der Admiral Tschitschagow verfolgen den Feind und umgehen dessen linke Flanke; meinerseits thue ich dasselbe auf der rechten Flanke. Ich beabsichtige diese Richtung einige Tage lang zu verfolgen und dann meinen Lauf nach Kaibani oder Willomir zu richten, um die Vereinigung Macdonald's mit der großen französischen Armee zu verhindern und hoffe dieses Manöver in 14 Tagen auszuführen. Ich werde nicht ermangeln, Ew. Excellenz diesen Plan noch detaillirter mitzutheilen, damit Sie in Uebereinstimmung mit mir handeln und habe die Ehre u. s. w."

Ich habe ihm unverzüglich geantwortet, indem ich ihm ein Verzeichniß der Kräfte und eine Schilderung der Stellung der Armee Macdonald's übersandte und hinzufügte, ich würde in demselben Augenblick, in dem der Marschall eine Rückzugsbewegung mache, in Riga und Dünamünde bloß die zur Vertheidigung dieser Plätze bringend nothwendigen Truppen zurücklassen, mich an die Spitze von 10,000 Mann stellen, welche ich soeben organisirt habe und das Möglichste thun, um seine Bewegungen

ses mouvemens, et dès que la Courlande seroit entièrement libre, alors ce corps pouvant agir hors des frontières de mes Gouvernemens, j'en laisserai le commandement au Général Loewis, si Sa Majesté n'ordonne autrement.

Je suis avec le plus profonde soumisson etc.

15. Antwort des General York auf den Brief sub Nr. 13.

Mein Herr General!

Ich habe Anstand genommen Ew. Excellenz auf das sehr verehrliche Schreiben vom 11. b. M. (11. Dec./29. Nov.) zu antworten, weil ich außer Stand bin, mich über den Inhalt auszusprechen. Wenn ich der tief durchschauenden Politik Ew. Excellenz in vieler Hinsicht völlige Gerechtigkeit widerfahren lassen muß; wenn ich im Zweck völlig einverstanden mit Hochdenselben bin, so bleiben mir über die Zeit und über die Mittel zum Zweck noch manche andere Rücksichten. Es würde zu weitläufigen Auseinandersetzungen führen, Ew. Excellenz meine nicht unwichtigen Gegengründe auf das mir gütigst überschickte Memoire aufzustellen; nur eine Bemerkung erlaube ich mir, nämlich: Ew. Excellenz haben in Ihrem Schreiben nicht darauf geachtet, daß unsere Festungen in fremden Händen sind; daß Königsberg, Pillau, Danzig starke Besatzungen haben, daß unsere Streitmittel in Schlesien sind, unsere disponible Mannschaft in Preußen also ohne Bewaffnung ist; ferner, daß die Kraftanwendung der Provinz durch ein Corps unterstützt werden muß, daß dies aber nicht von hier aus geschehen muß.

Dem in das Ganze tief eindringenden Scharfblick von Ew. Excellenz muß ich meine Ansichten unterwerfen; welches aber auch Ihr Urtheil ist, so hoffe ich doch von Ew. Excellenz nicht verkannt zu werden.

Die Ereignisse bei Wilna vom 7. bis 9. schienen keine Resultate zu einem Rückzuge zu geben. Als bloßer Unter=General bin ich von der Ausführung von keiner Operation unterrichtet; sollte ich meine Negociaträftig zu unterstützen. Sobald Kurland völlig frei ist, könnte dieses Corps auch außerhalb der Grenzen meiner Gouvernements thätig sein und würde ich — wenn Ew. Majestät es nicht anders anordnen, — dem General Loewis den Befehl über dieselben übergeben.

Ich verharre u. s. w.

15. (Siehe oben.)

tion zu einer Bewegung zur Deckung der preußischen Grenze bewirken
können, so würde ich unstreitig einen wichtigen Zweck erreichen; ich bitte
Ew. Excellenz jedoch zu bemerken, daß der Marschall Macdonald persönlich
bei den preußischen Truppen sich befindet.
Ich habe nicht, wie es Ew. Excellenz in Hochdero Schreiben vom
gestrigen Dato zu bestimmen die Güte hatten, den Capitain Schemiakin
zur Auswechselung des Capitain von Traberfeld auf die Vorposten ab=
schicken können, da ersterer bereits gestern von hier abgereist war, auch
habe ich dieses Schreiben nicht durch den Grafen Dohna an Ew. Excellenz
gelangen lassen können, da die Ankunft des Grafen bei unsern Vorposten
und da derselbe bei uns so sehr bekannt ist, solches zu manchen Gerüchten
Veranlassung gegeben haben würde, die ich aus so vielen wichtigen Grün=
den absolut vermeiden muß.

Für die uns gütigst mitgetheilten Nachrichten*) von den Bewegungen
der großen Armee, sage ich Ew. Excellenz den allerverbindlichsten Dank,
und wünsche ich bald ähnliche Veranlassung.

Genehmigen Ew. Excellenz die erneuerte Versicherung meiner voll=
kommensten Hochachtung u. s. w.

Mitau, den 16/4. Dec. 1812.   v. York.

16. A Sa Majesté Impériale.
(Vom Marquis Paulucci vom 5./17. Dec. 1812.)

J'ai l'honneur de présenter à V. M. I. la reponse du Général
Yorck à la lettre, que je lui ai adressé le 29. Nov./11. Dec. et que
j'ai soumise, Sire, à Votre connoissance par mon très humble rapport
du 30. Nov. Nr. 10.

D'après mon avis cette lettre, qui fait voir combien le Général

---

16. Marquis Paulucci an den Kaiser Alexander, 5./17. Dec. 1812.

Ew. Majestät habe ich die Ehre die Antwort des General York auf
meinen Brief vom 29. Nov./11. Dec. (den ich zu Ew. Majestät Kenntniß
durch meinen unterthänigsten Rapport vom 30. Nov. (Nr. 10) gebracht
habe) zu unterbreiten.

Meiner Ansicht nach beweist dieser Brief, der einen Einblick darin

---

*) Die nämlich im „Zuschauer" standen. Die Armeeberichte selbst waren
russische. Merkel.

Yorck est porté pour la bonne cause, prouve 1° que ce Général ne veut rien entreprendre de décisiv avant le retour du Major Seidlitz qui est attendu à chaque instant. 2°. Il paroit aussi par cette lettre, que le Général Yorck a sollicité lui même de pouvoir se replier sur la Prusse, sans que l'on puisse cependant rétirer un indice, si l'ordre de la retraite est donné ou non, et 3° le Général Yorck temoigne ouvertement le désir de continuer notre correspondence, preuve qu'il suppose que les ordres qu'il attend avec le Major Seidlitz seront conformes à ses des desirs.

Avant de répondre au Général Yorck, j'attends le résultat de la forte reconnoissance qui se féra démain matin à la pointe du jour et par laquelle, si l'ennemi a rééllement l'intention de se rétirer bientôt pour lors il sera force à la précipiter.

17. A Sa Majesté Imperiale.
(Von demselben, an demselben Tage.)

Par mon très-humble rapport en date d'aujourdhui Nr. 16 j'ai eu l'honneur de rendre compte à V. M. I. que j'ai lieu de croire que

---

gestattet, wie sehr der General York der guten Sache ergeben ist, 1) daß dieser General nichts Entscheidendes unternehmen will, bevor der Major Seyblitz, den er jeden Augenblick erwartet, zurückgekehrt ist; 2) dürfte aus diesem Brief hervorgehen, daß der General York selbst darum nachgesucht hat, sich auf Preußen zurückziehen zu dürfen; es ist indessen kein Anzeichen darüber vorhanden, ob der Befehl zum Rückzug gegeben worden ist oder nicht; 3) zeigt General York offenbar den Wunsch, unsere Correspondenz fortzusetzen, woraus sich darauf schließen läßt, daß er voraussetzt, die Befehle, die er durch den Major Seyblitz erwartet, würden seinen Wünschen entsprechend sein.

Ich werde, bevor ich dem General York antworte, das Resultat der Recognoscirung abwarten, welche Morgen früh bei Anbruch des Tages unternommen werden wird, und durch die der Feind, wenn er wirklich die Absicht des baldigen Rückzugs hat, gezwungen werden soll, denselben zu beschleunigen.

17. Marquis Paulucci an den Kaiser Alexander (an demselben Tage.)
Durch meinen alleruntertänigsten Bericht vom heutigen Tage (Nr. 16) habe ich die Ehre gehabt, Ew. Majestät darüber Rechenschaft

le Maréchal Macdonald va faire bientôt sa retraite, que je tacherai de rendre aussi pénible que possible et je communiquerai au Comte Witgenstein tous les mouvemens qui auront lieu.

Heureusement pour moi l'ennemi m'a donné tout le temps necessaire pour organiser les troupes que V. M. a daigné me confier, de sorte que, outre les deux brigades qui se trouvoient, qui couvrent les approches de la place, chacune forte de 3/m. hommes d'Infantérie et de 500 à 600 h. de cavallerie, je suis encore en état de faire sortir de Riga et Dunamünde une nouvelle brigade que je viens d'organiser et qui ne sera pas moins considerable que les deux autres.

Malgré que cette force ne soit pas compétente à celle du corps de Macdonald, cependant elle sera assés considerable pour attaquer un ennemi en retraite.

Pour les ouvrages des fortifications de Riga et de Dunamünde, ils ont été entièrement terminés le 27. du mois de Novembre, et j'aurai l'honneur de rendre compte à V. M. dans un mémoire rai-

---

abzulegen, daß ich Grund zu glauben habe, Marschall Macdonald wolle bald seinen Rückzug bewerkstelligen, den ich möglichst zu belästigen suchen werde, indem ich dem Grafen Wittgenstein über alle stattfindenden Bewegungen Mittheilung mache.

Zu meinem Glück hat der Feind mir alle nöthige Zeit zur Organisation der mir von Ew. Maj. anvertrauten Truppen gelassen, so daß ich außer den beiden vorgefundenen Brigaden zur Deckung der Umgebung des Platzes (jede dieser Brigaden besteht aus 3000 Mann Infanterie und 5 bis 600 Mann Cavalerie) noch eine dritte, von mir organisirte Brigade von Riga und Dünamünde ausrücken lassen kann, die den beiden anderen an Stärke nichts nachgiebt.

Sind diese Kräfte auch denen des Macdonald'schen Corps nicht gleich, so werden sie doch beträchtlich genug sein, um einen auf dem Rückzuge begriffenen Feind anzugreifen.

Was die Befestigungsarbeiten von Riga und Dünamünde anlangt, so sind dieselben seit dem 27. November beendet und werde ich die Ehre haben, Ew. Majestät über Alles, was ich anzuordnen für nöthig gehalten habe, um diese beiden Plätze in einen möglichst guten Zustand zu versetzen,

sonné, de tout ce que j'ai cru devoir ordonner pour mettre dans un aussi bon état que possible ces deux places, et je me flatte que j'aurai le bonheur, Sire, d'obtenir votre approbation.

Dans ce même mémoire j'oserai aussi soumettre à V. M. I. quelques remarques sur les défauts des fortifications de Riga, et sur les ameliorations dont je crois encore cette place susceptible.

J'ai taché de mettre ordre aussi à toutes les affaires civiles, afin de pouvoir suivre les mouvemens de l'ennemi à la tête de mon corps.

16. **Allerhöchstes Rescript an den Marquis Paulucci.** (Copie.)

J'ai lû, Général, avec interêt Votre dépêche du 30. Nov.; et je ne puis qu'approuver les observations que Vous avés adréssés au Général Yorck, ainsi que la marche que Vous avez suivie dans cette affaire importante.

Il se pourroit, qu'au retour de son courier de Berlin, ce Général vous temoignât le desir, de connoître avec quelque détail mes vües à l'egard des avantages à procurer au Roi de Prusse, s'il se

---

in einem ausführlichen Memoire Rechenschaft abzulegen und schmeichle ich mir, Sire, mit dem Glück, Ihre Billigung zu erhalten.

In demselben Memoire werde ich es auch wagen, Ew. K. Majestät einige Bemerkungen über die Fehler der Fortificationen Rigas und über die Verbesserungen, deren dieser Platz noch fähig sein dürfte, zu unterbreiten.

Ich habe versucht, alle Civilangelegenheiten möglichst zu ordnen, um den Bewegungen des Feindes an der Spitze meines Corps folgen zu können.

18. **Rescript des Kaisers Alexander an den Marquis Paulucci.**

Ihre Depesche vom 30. November, General, habe ich mit Interesse gelesen und ich kann Ihre an den General York gerichteten Erwägungen nur ebenso vollständig billigen, wie die Handlungsweise, die Sie in dieser wichtigen Angelegenheit verfolgt haben.

Es wäre möglich, daß dieser General, nach Rückkehr seines Couriers aus Berlin, den Wunsch aussprüche, meine Absichten bezüglich der dem Könige von Preußen zu bietenden Vortheile, für den Fall, daß derselbe

décidoit à faire cause commune avec moi. Dans ce cas Vous lui répondrés, que je suis prêt à conclure avec ce Prince un traité, où il seroit stipulé et par le quel je prendrai envers lui l'engagement de ne pas poser les armes tant que je n'aurai pas réussi à obtenir pour la Prusse un aggrandissement territorial assés considérable par son étendue, pour lui faire réprendre parmi les Puissances de l'Europe la place qu'elle y occupait avant la guerre de 1806.

Je vous autorise à faire cette ouverture au Général York, soit de vive voix, soit même par écrit, selon que Vous le jugerés nécessaire, en observant néanmoins de ne pas y donner de plus grande latitude.

Recevés, Général, l'assurance de mes sentiments. L'original est signé de la propre main de Sa Majesté Imperiale, ainsi:
St. Petersburg Le 6 Dec. 1812.   Alexandre.

Pour copie conforme: G. de Doppelmair*) conseiller honoraire et chevalier.

---

mit mir gemeinsame Sache machte — im Einzelnen kennen zu lernen. Antworten Sie ihm in diesem Falle, daß ich mit diesem Fürsten einen Vertrag abzuschließen bereit bin, in dem ich mich vertragsmäßig verpflichten würde, die Waffen nicht nieder zu legen, solange es mir nicht gelungen ist, für Preußen eine Territorialvergrößerung zu erlangen, die durch ihre Ausdehnung beträchtlich genug ist, um es unter den europäischen Mächten wieder den Platz einnehmen zu lassen, den es vor dem Kriege von 1806 besessen hat.

Ich ermächtige Sie, dem General York diese Eröffnung je nach Ihrem Ermessen mündlich oder schriftlich zu machen; Sie müssen aber daran festhalten, die Tragweite des hier Gesagten nicht weiter auszudehnen.

Empfangen Sie, General u. s. w.
St. Petersburg, den 6. Dec. 1812.   gez. p. m. Alexander.

---

*) Herr von Doppelmair war erster Secretär in der Kanzelei des Marquis. Merkel.

19. **A Sa Majesté Impériale.**

(Vom Marquis, am 7./19. Dec. 1812)

J'ai l'honneur de soumettre à V. Maj. Imp. l'ordre que j'ai reçu du Maréchal Kutuzow, ainsi que ma reponse et les pièces que je lui ai adressées.

Par mon rapport d'aujourd'hui No. 68 V. M. verra que j'ai fait faire hier une forte reconnoissance sur trois principaux points et que le 5. j'avois déja porté la brigade du Général Garbunzow sur la rive gauche de la Dwina, afin qué réunie à celle du Général Weljaminoff, je puisse profiter de chaque mouvement retrograde de l'ennemi, pour l'attaquer avec vigueur.

Rien de plus remarquable que la lettre cijointe du Cte Witgenstein, par laquelle il m'invite à suivre de près les mouvemens de l'ennemi, tandis qu'il envoïe au Général Loewis et à moi les ordres du Maréchal, et qu'il écrit au premier sous la même date un ordre, d'après le quel il donne ses instructions à ce Général, qui en conséquence cesse d'être sous mes ordres.

---

19. **Marquis Paulucci an den Kaiser Alexander, 7./19. Dec. 1812.**

Ew. Majestät habe ich die Ehre, den an mich ergangenen Befehl des Fürsten Kutusow sammt meiner Antwort und den derselben beigelegten Aktenstücken zu unterbreiten.

Aus meinem vom heutigen Tage datirten Bericht Nr. 68 werden Ew. Majestät ersehen, daß ich gestern auf drei Punkten eine starke Recognoscirung habe ausführen lassen und daß ich die Brigade des General Garbunzow bereits am 5. d. M. auf das linke Ufer geschickt habe, damit ich, nach Vereinigung jener Brigade mit der des General Weljaminow von jeder Rückzugsbewegung des Feindes Vortheil ziehen könne, um ihn energisch anzugreifen.

Es dürfte Nichts merkwürdiger sein, als der beiliegende Brief des Grafen Wittgenstein, in welchem derselbe mich auffordert, den Bewegungen des Feindes aus der Nähe zu folgen, indessen er mir und dem General Loewis die Befehle des Feldmarschalls (Kutusow) zusendet und Loewis unter demselben Datum seine Befehle ertheilt, so daß dieser also aufhört, unter meinen Befehlen zu stehen.

Je ne saurois assés exprimer à V. M. la douleur que j'éprouve, de me voir tout d'un coup privé de mon commandement que j'esperois de conserver au moins jusqu'à ce que mon corps eût passé la frontière de la Courlande.

Cette circonstance m'afflige d'autant plus, que je n'ai rien fait pour mériter une telle disposition, au moment que je me flattois de pouvoir coopérér à la gloire des Armées de V. Majesté.

La conduite du Maréchal Macdonald est inconcevable, car il doit absolument être coupé de après les mouvemens que vient de faire le Comte Witgenstein.

Un examen impartial sur ma conduite prouvera, que je n'avois pas les moyens de chasser le Maréchal Macdonald de la Courlande et que j'ai été forcé d'attendre qu'il soit obligé à la retraite par le Corps du Comte Witgenstein.

20. **Brief des Generals York an den Marquis Paulucci.**
(Reçu le 8/XII, repondu le 10/XII.)   Mietau d. 8./20. Dec. 1812.

Je quitte ces contrées pour me rapprocher de ma patrie, et je me plais d'avoir l'honneur d'en informer V. Excellence.

Ew. Majeſtät kann ich den Schmerz nicht genug ausdrücken, den ich empfinde, indem ich mich mit einem Male meines Commandos beraubt ſehe, welches ich wenigſtens ſo lange zu behalten hoffte, bis meine Truppen die Grenze Kurlands überſchritten hätten.

Dieſer Umſtand muß mich um ſo mehr betrüben, als ich Nichts gethan habe, um eine ſolche Behandlung in demſelben Augenblick zu verdienen, in dem ich mir ſchmeichelte, zum Ruhm der Armee Ew. Maj. mitwirken zu können.

Die Haltung des Marſchall Macdonald iſt unbegreiflich, da er zufolge der vom Grafen Wittgenſtein ausgeführten Bewegungen mit Nothwendigkeit abgeſchnitten werden muß.

Eine unparteiiſche Prüfung meiner Handlungsweiſe wird die Beweiſe dafür finden laſſen, daß mir die Mittel fehlten, den Marſchall Macdonald aus Kurland zu vertreiben und daß ich gezwungen war, ſeine Vertreibung durch das Corps des Grafen Wittgenſtein abzuwarten.

20. **General York an den Marquis Paulucci, Mitau, 8./20. Dec.**

Ich verlaſſe dieſe Gegend, um mich meinem Vaterlande zu nähern und freue mich der Ehre, Ew. Excellenz davon in Kenntniß zu ſetzen.

Les chances de la guerre y ont conduit des masses et ma présence y paroit devenir nécessaire. J'abandonne ici un nombre considérable de malades. Convaincu des généreux sentiments de V. Exc. et confiant dans la loyauté des chefs et des troupes Russes, j'ai plutôt preféré de voir rémis à leur sollicitude, ces souffrants que de les exposer au transport dans une saison rude.

Je les recommande donc Mr. le Général, à Vos soins, pouvant Vous donner l'assurance, que les malades et prisonniers sujets de Sa Majesté l'Empereur de Russie, sont traités chez nous et par le Gouvernement et par les habitans d'une manière à leur faire oublier l'éloignement de leur patrie.

Je suis persuadé, que des procédés pareils sont analogues à la manière de penser de nos Souverains réspectifs. J'augure qu'il est de leur intention à limiter tant que possible, les maux de la guerre et d'en epargner les sacrifices. — Votre Exc. aura reconnu ces principes dans ma manière d'agir.

C'est avec plaisir que je lui réitère l'assurance de la satisfaction

---

Die Wechselfälle des Krieges haben große Massen in mein Vaterland geführt und meine Anwesenheit in demselben scheint nothwendig zu werden. Ich lasse eine beträchtliche Anzahl von Kranken zurück. Von den großherzigen Gefühlen Ew. Excellenz überzeugt und im Vertrauen auf die Loyalität der russischen Offiziere und Soldaten habe ich es vorgezogen, diese Kranken ihrer Sorgfalt anvertraut zu sehen, statt sie einem Transport in einer rauhen Jahreszeit auszusetzen.

Ich empfehle diese Kranken, Herr General, Ihrer Sorge, indem ich Ihnen zugleich die Versicherung geben kann, daß die kranken und gefangenen Unterthanen Sr. Majestät des Kaisers bei uns seitens der Regierung, wie seitens der Einwohner in einer Weise behandelt werden, die geeignet ist, sie ihre Entfernung von der Heimat vergessen zu machen.

Ich bin davon überzeugt, daß ein derartiges Verfahren der Denkungsart unserer beiderseitigen Herrscher entspricht und möchte voraussagen, daß es in ihrer Absicht liegt, die Leiden des Krieges möglichst zu beschränken und die Opfer desselben zu sparen. Ew. Excellenz werden diesen Grundsatz in meiner Handlungsweise wieder erkannt haben.

Mit Vergnügen wiederhole ich die Versicherung der Befriedigung

que j'éprouve, d'avoir eu l'honneur de me trouver en rélation avec Elle; je me féliciterai à faire un jour Sa connoissance personnelle, pour pouvoir Lui répéter les sentimens de la plus parfaite considération avec laquelle j'ai l'honneur d'être, Monsieur le Général, de V. E le très-humble et très obeissant Serviteur d'Yorck.

21. A Sa Majesté Imperiale.
(Vom Marquis, am 9./21. Dec. 1812.)

D'après l'orde de Votre Maj. Imp. j'ai d'abord ordonné l'impression de l'Appel à la nation Allemande, que je trouverai moyen de faire repandre chés l'ennemi.

Par mon très-humble rapport en date du 7. Dec. No. 17 j'ai temoigné mon régret d'être privé du commandement de la majeure partie des troupes qui formoient mon corps.

Ce désagrement si sensiblement senti, n'a pas diminué, Sire, mon zèle pour Votre service, comme Votre Majesté pouvra juger par mon rapport d'aujourd'hui No 70.

Dans la journée d'aujourd'hui j'espère de terminer à donner

---

darüber, die Ehre gehabt zu haben mit Ihnen in Beziehung zu treten; ich hoffe einst Ihre persönliche Bekanntschaft machen zu können, um Ihnen die Versicherung der vollständigsten Hochachtung wiederholen zu können, mit welcher ich die Ehre habe u. s. w.

21. Marquis Paulucci an den Kaiser Alexander, 9./21. Dec.

Dem Befehl Ew. Majestät gemäß habe ich sogleich den Druck des Aufrufs an das deutsche Volk angeordnet und werde ich Mittel finden, denselben bei dem Feinde zu verbreiten.

In meinem unterthänigsten Bericht vom 7. Dec. (Nr. 17) habe ich mein Bedauern über den Verlust des größten Theils der Truppen, welche mein Corps bildeten, bezeugt.

Wie Ew. Majestät aus meinem heutigen Bericht Nr. 70 ersehen werden, hat dieser lebhaft empfundene Verdruß, Sire, den Eifer für Ihren Dienst bei mir nicht vermindert.

Im Lauf des heutigen Tages hoffe ich mit der Ertheilung meiner

mes ordres sur les plus importantes affaires d'ici et ce soir réjoindrai le Général-Major Emmé.

Mon projet est de poursuivre l'ennemi avec mon petit détachement jusqu'à ce qu'il soit sorti de la Courlande, pour lui faire tout le mal qu'il me sera possible, et assurer les différens transports, que je suppose on sera dans le cas de faire bientôt par cette Province.

Dans ce moment on vient d'arreter une Estafette avec la lettre que jai l'honneur de soumettre ci jointe à V. M.

22. A Monsieur le Lieut.-Général Yorck.
(Vom Marquis, vom 10./22. Dec. 1812.)

Jen'ai pas pû répondre à la lettre, que V. Exc. m'a fait l'honneur de m'écrire en date du 16./4. Dec., car je l'avoue, cettre lettre m'a donné lieu de croire, que Vous ne cherchés qu'à gagner du tems.

Aujourd'hui est le dernier moment, que le sort présente encore à Votre Exc. pour prendre un parti convenable; voilà pour quoi je me fais un devoir de répondre actuellement à Votre lettre.

Befehle bezüglich der wichtigsten hiesigen Angelegenheiten zu Ende zu kommen und heute Abend zu dem Generalmajor Emme zu stoßen.

Ich beabsichtige den Feind mit meinem kleinen Detachement so lange zu verfolgen, bis er Kurland verlassen hat, um ihm möglichst viel Schaden zuzufügen und die Transporte zu sichern, die man, wie ich voraussetze, im Stande sein wird, bald durch diese Provinz bewerkstelligen zu lassen.

In diesem Augenblick hat man eine Estafette mit dem Brief aufgefangen, den ich beiliegend Ew. Majestät zu unterbreiten die Ehre habe.

22. Marquis Paulucci an den Generallieutenant York, 10./22. Dec.

Den Brief, welchen Ew. Excellenz unter dem 16./4. Decbr. an mich richteten, habe ich nicht beantworten können, weil — wie ich Ihnen gestehen muß, dieser Brief mir zu der Vermuthung Anlaß gegeben hat, daß Sie nur Zeit zu gewinnen suchen.

Heute ist der letzte Augenblick gekommen, welchen das Geschick Ew. Excellenz darbietet, um einen angemessenen Entschluß zu fassen und halte ich es darum für meine Pflicht, Ihr Schreiben jetzt zu beantworten.

La remarque, que Dantzick, Königsberg et Pillau sont occupés par les François, n'est pas un motif assés puissant pour arrêter la Prusse de prendre son parti puisque nos armées victorieuses, comme Vous le jugerés Vous même par les papiers que j'ai l'honneur de Vous envoyer, rendent de peu de conséquence la possession de ces places, lorsque il n'y a point une Armée assés forte pour les soutenir, et encore moins, si les troupes Prussiennes quittent le parti des Vandales modernes.

Pour la difficulté que V. Exc. me donne pour les Armées, elle sera bientôt applanie. Sur la necessité que la réunion des forces Prussiennes soit soutenue par un corps d'armée, V. E. verra par les bulletins No 31, 32, 33 et 34 et par l'extrait de la lettre ci-jointe sous la lettre A) que l'armée Russe a passé la frontière à Kowno et que le Comte Witgenstein marche pour couper la retraite du Maréchal Macdonald, que je poursuis avec mon corps.

Je crois que la réputation que je jouis rélativement à mes sen-

---

Ihre Bemerkung, daß Danzig, Königsberg und Pillau von den Franzosen besetzt sind, ist kein Motiv, das stark genug wäre, um Preußen von dem Fassen eines Entschlusses abzuhalten. Unsere siegreichen Heere verringern (wie Sie selbst aus den Papieren ersehen werden, die ich Ihnen zu übersenden die Ehre habe) die Bedeutung des Besitzes jener festen Plätze um ein Beträchtliches, da keine Armee vorhanden ist, um sie zu decken, — zumal wenn die preußischen Truppen die Partei der modernen Vandalen verlassen.

Was die Schwierigkeiten anlangt, auf welche Ew. Excellenz bezüglich der Armee hinweist, so werden diese bald ausgeglichen sein. Was die Nothwendigkeit anlangt, daß die Vereinigung der preußischen Kräfte durch ein Armeecorps unterstützt werde, so werden Ew. Excellenz aus den Bulletins Nr. 31 bis 34 und aus dem sub A. beigelegten Briefe ersehen, daß die russische Armee die Grenze bei Kowno überschritten hat und daß der Graf Wittgenstein auf einem Marsch begriffen ist, um dem von mir und meinem Corps verfolgten Marschall Macdonald den Rückzug abzuschneiden.

Ich hoffe, daß der Ruf, den ich bezüglich meines Ehrgefühls genieße, hinreichen werde, um bei Ew. Excellenz Glauben an meine Angaben zu

timens d'honneur, suffiroit pour que V. Exc. puisse prêter foi à mon exposé; mais actuellement il s'agit de faits, dont V. E. ne peut pas ignorer et qui Vous mettent Mr. le Général, dans l'impossibilité absolue de pouvoir apporter le moindre doute sur la brillante position des armées Russes et sur la vraisemblable certitude que l'Armée du Maréchal Macdonald sera coupée.

Dans cet état des choses je dois m'employer pour faire autant de mal que possible, au Corps sous les Ordres de V. Exc. afin qu'il soit plus facile de le détruire lorsque je pourrai agir simultanement avec les troupes sous les ordres du Comte Witgenstein.

Avec les pleins-pouvoirs que j'ai reçu de Sa Maj. Imp. Elle a daigné de sa propre main m'écrire la lettre ci-jointe, au moment qu'Elle alla partir pour Wilna, et au risque d'être trôp confiant dans une affaire si délicate, je Vous en envoye la copie sous la lettre B.

Par cette lettre Vous aurés lieu de juger, qu'il est encore en Votre pouvoir non seulement d'empêcher la destruction du corps

---

erweden; gegenwärtig aber handelt es sich um Thatsachen, die Ew. Excellenz nicht unbekannt bleiben konnten und welche Sie, Herr General, in die Unmöglichkeit versetzen müssen, auch nur den geringsten Zweifel an der brillanten Position der russischen Armee und an der Wahrscheinlichkeit dafür zu hegen, daß der Marschall Macdonald abgeschnitten wird.

Unter solchen Umständen bin ich verpflichtet, Alles zu thun, um dem von Ew. Excell. befehligten Corps so viel Schaden, als nur irgend möglich, zuzufügen, damit seine Vernichtung möglichst leicht werde, sobald ich gemeinsam mit den unter dem Grafen Wittgenstein stehenden Truppen operiren kann.

Se. Majestät der Kaiser hat geruht, außer der mir zugesandten unbeschränkten Vollmacht, vor seiner Abreise nach Wilna noch beiliegenden eigenhändig geschriebenen Brief an mich zu richten, und übersende ich Ihnen eine Abschrift dieses Briefes auf die Gefahr hin, in dieser delicaten Angelegenheit zu weit zu gehen, sub Lit. B.

Dieser Brief wird Sie in den Stand setzen, selbst darüber zu urtheilen, daß es noch in Ihrer Macht steht, die Vernichtung des Ihnen von

que la patrie Vous a confié, mais de contribuer au bonheur et à la gloire de la Prusse.

Profitéz en donc, Mr. le Général, et puisque le sort de la guerre empêche que je Vous laisse faire Votre rétraite, choisissés entre la proposition que je Vous fais, de Vous réunir à moi, en stipulant un traité au nom de nos deux Souverains, ou bien si Vous ne croyés pas pouvoir prendre cela sur Vous, consentés à un traité par lequel Votre corps de troupes pourra prendre des cantonnemens entre Libau, Hasenpoth et Goldinghen, avec la promesse de ne point agir offensivement pendant deux mois, et si pendant ce tems il n'y aura point de traité entre les deux Cours de Russie et da Prusse, qui annulle cet arangement, pour lors à l'expiration du terme fixé, il Vous sera libre de réjoindre le Corps Prussien ou François, qui se trouvera le plus près.

Par ce traité que je Vous propose, Vous sauvés Votre corps de troupes de subir le sort que doit attendre le reste de l'armée de

---

Ihrem Vaterlande anvertrauten Corps nicht nur zu verhindern, sondern auch zum Glück und zum Ruhm Preußens beizutragen.

Nehmen Sie diesen Vortheil wahr, Herr General, und wählen Sie selbst — da das Kriegsgeschick es einmal unmöglich gemacht hat, daß ich Sie Ihren Rückzug ausführen lasse — zwischen meinem Vorschlag, sich mit mir zu verbinden und einen Vertrag im Namen unserer beiden Monarchen abzuschließen, oder aber, wenn Sie solches nicht auf sich nehmen zu können vermeinen, geben Sie zu einem Vertrage Ihre Zustimmung, nach welchem Ihre Truppen zwischen Libau, Hasenpoth und Goldingen Cantonnements nehmen könnten und Sie das Versprechen ablegen würden, während zweier Monate nicht offensiv vorzugehen; wird während dieses Zeitraums zwischen den Höfen von Rußland und Preußen kein Vertrag abgeschlossen, welcher diese Uebereinkunft aufhebt, so stände es Ihnen nach Ablauf dieser Frist frei, zu dem nächsten preußischen oder französischen Corps zu stoßen.

Durch diesen Vertrag, den ich Ihnen vorschlage, würden Sie Ihr Truppencorps davor bewahren, das Loos zu theilen, welches den Ueberrest der Armee Macdonald's erwartet und Sie wären in der Verfassung, so=

Macdonald, et Vous serés à même d'agir bientôt pour Votre patrie, dès que la cour de Prusse se déclarera pour la Russie.

Ce même traité sauvera Vos troupes et les mettra toujours à même d'agir (chose que je ne crois pas probable) si Napoléon parvenoit à retenir dans ses fers le Roi de Prusse.

Je Vous jure, Mr. le Général, sur tout ce qu'il y a le plus sacré au monde, que je suis intimement persuadé, qu'en acceptant une des propositions, que je Vous fais, Vous agirés comme un fidéle sujet et bon citoyen doit agir dans ce cas unique dans son espèce, et qu'en tenant une conduite opposée, Vous agirés contre les interêts de Votre patrie et de Votre Roi.

La conduite que V. E. a tenue en Courlande, l'amour et l'estime que Vous Vous êtes acquis de la part des habitans, Votre réputation militaire et l'affection que Vous portent Vos troupes, sont autant de motifs pour moi, pour que je prenne le plus vif interêt à ce qui Vous regarde et par consequence ils me seroit impossible

---

gleich für Ihr Vaterland handeln zu können, sobald der preußische Hof sich für Rußland erklärt.

Dieser Vertrag wird Ihre Truppen jedenfalls retten und in den Stand setzen, handelnd einzugreifen, wenn es (was ich nicht für wahrscheinlich halte) Napoleon gelingen sollte, den König von Preußen auch fernerhin in seinen Fesseln zu halten.

Ich schwöre Ihnen, Herr General, bei Allem was mir auf der Welt heilig ist, daß ich fest davon überzeugt bin, daß Sie, wenn Sie einen der von mir gemachten Vorschläge annehmen, wie ein treuer Unterthan und guter Bürger in diesem Fall, der einzig in seiner Art dasteht, handeln werden und daß Sie bei einer entgegengesetzten Handlungsweise gegen die Interessen Ihres Vaterlandes und Ihres Königs handeln würden.

Die Haltung, welche Ew. Excellenz in Kurland beobachtet haben, die Liebe, welche Sie sich seitens der Einwohner erworben haben, Ihr militärischer Ruf und die Zuneigung, welche Sie seitens Ihrer Truppen genießen, sind für mich ebensoviel Motive dafür, daß ich den regsten Antheil an Allem, was Sie betrifft, nehme und außer Stande bin, Sie zu

d'insister comme je fais, à ce que Vous préniés un parti, qui ne seroit pas le mien dans un cas semblable.

Comme après ce que j'ai l'honneur de Vous écrire, je ne pourrai plus garder de ménagemens, en cas de réfus, et que je serai forcé d'agir vigoureusement en abondonnant toute arrière-idée; par conséquence je Vous envoye le Comte Dohna, qui par son attachement aux vrais interêts du Roi est l'individu que je crois le plus propre pour le charger de cette lettre.

Si V. Exc. veut se rendre à Son arrière-garde, comme je me trouve tout près de mon avant-garde, nous pourrons nous voir, si Vous le desirés.

Je suis si persuadé, qu'une entrevue applaniroit toutes les difficultés, que j'insiste au près de V. E. pour l'avoir.

En attendant, Mr. le Général, Votre résolution je dois Vous prévenir, que je continue mes mouvemens. J'ai l'honneur etc.

---

einem Entschluß zu bewegen, den ich nicht selbst in einem ähnlichen Falle fassen würde.

Da ich, nachdem was ich Ihnen mitzutheilen die Ehre gehabt habe, außer Stande bin, für den Fall einer Weigerung, weitere Mäßigung zu üben, und da ich gezwungen bin energisch und ohne alle Hintergedanken zu handeln, so schicke ich den Grafen Dohna, der mir wegen seiner Anhänglichkeit an die wahren Interessen des Königs geeigneter als jeder Andere dazu erscheint, um mit diesem Brief beauftragt zu werden.

Wollten Ew. Excellenz sich zu Ihrer Arrièregarde begeben, während ich mich bei meinem Vortrab befinde, so könnten wir, wenn Sie es wünschen, einander sehen.

Ich bin so fest davon überzeugt, daß ein Zusammentreffen alle Schwierigkeiten ebnen würde, daß ich bei Ew. Excellenz darauf bestehe, ein solches zu erlangen.

Ich muß Sie, Herr General, davon in Kenntniß setzen, daß ich bis zum Eintreffen Ihrer Antwort meine Bewegungen fortsetze. Ich habe die Ehre u. s. w.

23. Major Seydlitz an den Marquis Paulucci.

Mein Herr General!

Von dem Herrn Generallieutenant v. York mit dem Schreiben an Se. Majestät den König, meinen Herrn, abgeschickt, womit Ew. Excellenz genannten General unterm 2. December zu beehren geruht, bin ich gestern hier eingetroffen, um meinem Chef die Antwort des Königs zu überbringen. Se. Maj. der König erkennen die günstigen Gesinnungen Sr. Maj. des Kaisers, und haben Ew. Excellenz durch Ihren Ruf schon früher geschätzt; ich wage daher die Bitte, mich frei und ungehindert durch die russischen Armeen zu meinem Chef begeben zu dürfen. Da mein Auftrag durchaus nichts Nachtheiliges gegen das Interesse Sr. Maj. des Kaisers von Rußland haben kann und eigentlich durch Ew. Excellenz selbst entstanden ist, so schmeichle ich mir, daß Sie meine Bitte nicht abschlagen werden.

Es ist der größte Respekt mit dem ich habe die Ehre zu sein

Memel,   Ew. Excellenz
den 27. Dec. 1812.   ganz unterthäniger Diener v. Seydlitz,
                Major und Adjutant beim Gen.=Lieut. v. York.

(Vorstehende Abschrift habe ich selbst vom Original genommen. Mertel.)

24. A Mr. le Lieutenant-Général Yorck.

(Vom Marquis, vom 16./28. Dec. 1812.)

J'ai accordé à Mr. le Major Seidlitz la permission qu'il m'a demandée, de se rendre auprès de Votre Exc.

Cet officier est porteur des dépêches rélatives à la negociation que j'ai l'honneur d'entamer avec V. Exc. et je desiro bien que les ordres de Votre Cour soient tels qu'ils Vous mettent à même d'ac-

---

23. (Siehe oben.)

24. Marquis Paulucci an den Generallieutenant York, 16./28. Dec.
(aus Memel.)

Ich habe dem Herrn Major Seydlitz die von mir erbetene Erlaubniß sich zu Ew. Excellenz zu begeben, ertheilt.

Dieser Offizier ist der Träger von Depeschen, welche sich auf die Verhandlungen beziehen, welche ich die Ehre gehabt habe, mit Ew. Excell. anzuknüpfen. Ich wünsche, daß die Vorschriften Ihres Hofs der Art beschaffen seien, daß Sie durch dieselben in den Stand gesetzt würden, die Vorschläge

cepter les propositions que j'ai eu l'honneur de Vous faire par ma lettre en date du 10./22. de ce mois.

La position dans la quelle se trouve Votre corps, Mr. le Général, envers ceux des Généraux Loewis et Diebitsch, la prise de Memel effectué dans la journée d'hier par celui que je commande, est telle que je l'avois prédite à V. E. dans la susdite lettre du 10./22. du courant.

Les propositions que j'ai eu l'honneur de faire à V. Exc. dans la susdite lettre doivent être encore plus acceptables dans ce moment-ci.

Toujours dans l'espoir que la Prusse finira par prendre le seul et unique parti, qui lui convient, j'ai accordé à la Garnison de Memel, forte au delà de 700 hs. que je fais partir aujourd'hui pour Mietau, de rester reunie et de conserver une organisation intérieure sous l'inspection de ses officiers.

Vous n'avés, Mr. le Général, que quelques heures de temps pour Vous résoudre et si pour cela V. E. desire de s'aboucher avec moi, je suis prêt à me rendre sur le point que Vous fixerés, pour

anzunehmen, welche ich Ihnen in meinem Brief vom 10./22. d. M. vorzulegen die Ehre gehabt habe.

Die Lage, in welcher Ihr Corps, Herr General sich denen der Generale Diebitsch und Loewis gegenüber befindet, nachdem ich mit meinen Truppen am heutigen Tage die Einnahme Memels bewerkstelligt habe, ist gerade so beschaffen, wie ich es Ew. Excellenz in meinem erwähnten Brief vom 10./22. d. M. vorausgesagt hatte.

Die Vorschläge, welche ich Ew. Excellenz in dem erwähnten Brief zu machen die Ehre hatte, müssen in diesem Augenblick darum noch annehmbarer sein.

Immer noch der Hoffnung, Preußen werde schließlich den einzigen ihm zukommenden Entschluß fassen, habe ich der 700 Mann starken Garnison von Memel, die ich heute nach Mitau abgehen lasse, das Zugeständniß gemacht, beisammen zu bleiben, ihre innere Organisation zu behalten und unter der Aufsicht ihrer Offiziere zu verbleiben.

Sie haben, Herr General, nur einige Stunden Zeit, um sich zu entschließen und wenn Ew. Excellenz den Wunsch hegen sollten, mit mir von

notre rendêz-vous, qui pourroit être à moitié du chemin de la distance qu'il y a entre Votre corps et le mien.

Si dans cet intervalle V. E. prenoit des arrangemens définitifs avec un des autres commandans des corps d'armée Russe, veuillés bien me le faire savoir, pour que je puisse régler ma conduite en conséquence.

Je saisis cette occasion etc. etc.

25. A Sa Majesté Imperiale.
(Vom Marquis aus Memel vom 16./28. Dec. 1812.)

J'ai l'honneur de soumettre ci-jointe à V. M. J. une lettre que j'ai écrite de Doblen au Gén. Yorck, qui au moment de sa reception est entré en négociation avec le Général-Major Diebitch, d'après-ce qu'un Comte Henkel, Major prussien, vient de me dire dans son passage par ici pour Berlin, où il se rend avec un passeport de ce Général. Hier j'ai reçu du Major Seidlitz la lettre annexée, qui justifiera à V. M. le motif qui m'a decidée, non seulement de ne

---

Munb zu Munbe zu sprechen, so bin ich bereit, mich an den Ort, ben Sie für unsere Zusammenkunft festsetzen und der etwa auf dem halben Wege zwischen unsern Corps sein könnte — zu begeben.

Sollten Ew. Excellenz inzwischen mit einem der anderen Corps-Commandeure der russischen Armee endgiltig abschließen, so bitte ich Sie, mich solches wissen zu lassen, damit ich mein Verhalten demgemäß regeln kann.

Ich ergreife diese Gelegenheit u. s. w.

25. Marquis Paulucci an den Kaiser Alexander, Memel 16./28. Dec.

Ew. Majestät habe ich die Ehre beiliegend einen Brief zu unterbreiten, den ich von Doblen*) aus an den General Jork gerichtet habe, der bei Empfang dieses Briefes im Begriff war mit dem Generalmajor Diebitsch in Unterhandlung zu treten, wie ein preußischer Major Graf Henkel mir auf seiner Durchreise nach Berlin, die er mit einem Paß jenes Generals macht, sagte. Gestern habe ich den beiliegenden Brief des Major Seydlitz erhalten, welcher Ew. Majestät gegenüber den Grund rechtfertigen

---

*) Ein Gut in der Nähe von Mitau.

pas regarder cet Officier comme prisonnier de Guerre au moment de la prise de Memel, mais encore de lui permettre à se rendre auprès du Général Yorck, auquel j'ai adressé la lettre que je porte à la connoissance de V. M. I.

J'espère, Sire, que Vous reconnoitrés, que par la negociation entamée avec le Général Yorck et par ma conduite militaire, j'ai frayé le chemin aux autres Généraux, de faire valoir leurs services, et pour ma récompense j'ai la satisfaction d'être persuadé, Sire, de Vous avoir bien servi, et dans le nombre de mes services je sais que V. M. régardera comme un non indifferent, celui d'être parvenu à maintenir depuis Riga jusqu'ici, la plus stricte discipline parmi mon détachement, contre lequel il n'y a eû la moindre plainte. La position du Général Yorck est rémarquable. Le Général Loewis se trouvait avant-hier à Телыни, le Général-Major Diebitsch à Колтиніани, et moi à Мемель*).

Comme d'après un ordre de Mr. le Maréchal Kutuzow on

---

wird, aus welchem ich diesen Offizier bei der Einnahme von Memel nicht als Kriegsgefangenen ansah und ihm sogar erlaubte, sich zum General York zu begeben, an welchen ich den Brief, den ich beiliegend zu Ew. Maj. Kenntniß bringe, gerichtet habe.

Ich hoffe Sire, daß Sie anerkennen werden, daß ich durch die mit dem General York angeknüpften Verbindungen und meine militärische Haltung, den übrigen Generalen den Weg dazu gebahnt habe, Ihre Dienste zur Geltung zu bringen; zur Belohnung dient mir das Bewußtsein der Ueberzeugung, Sire, Sie gut bedient zu haben und zu wissen, daß Ew. Majestät in der Zahl meiner Dienstleistungen das Verdienst als kein gleichgiltiges ansehen werden, daß es mir gelungen ist, von Riga bis hierher unter meinem Detachement, gegen welches keine einzige Klage vorliegt, die strengste Mannszucht aufrecht erhalten zu haben. Die Stellung des General York ist bemerkenswerth. General Loewis befand sich vorgestern in Telczy, der Generalmajor Diebitsch zu Koltiniany, ich war in Memel.

Da mir durch einen Befehl des Herrn Feldmarschalls Kutusow vom

---

*) Die vorstehenden drei Namen (vergl. die Uebersetzung) sind in unserer Abschrift nach dem Original mit russischen Buchstaben geschrieben.

date du 9. Decembre il m'est enjoint de réunir au détachement du Lt. Gén. Loewis tout ce qu'il y a de disponible dans la Garnison de Riga, par conséquence j'ai écrit à ce Général de prendre encore sous son commandement mon petit détachement, et moi-même à son arrivée ici, après avoir mis ordre aux affaires, je retournerai dans mes gouvernemens.

26. Sr. Excellenz des kaiserlichen General-Gouverneurs von Liefland und Kurland ꝛc. Herrn Marquis von Paulucci.

Ew. Excellenz melde ich gehorsamst, daß ich den 14. d. M. Morgens endlich das preußische Corps zwischen Kraschi und Koltiniani erreicht habe. Der General Diebitsch hatte sich den Abend vorher mit einigen Regimentern vor Koltiniani aufgestellt und auf diese Weise den Preußen den Weg nach Tilsit versperrt. Dem General York war dieses nicht unwillkommen, und der General Diebitsch benutzte diese Stimmung und fing an mit dem General York zu parlamentiren. Ich kam daher mit dem Briefe von Ew. Excellenz in einem sehr glücklichen Augenblick an und er schien auf den General York einen sehr günstigen Eindruck zu machen; er erlaubte mir, den ganzen Tag während des Marsches beim Corps und die folgende Nacht im Hauptquartier zu bleiben, wo ich dann Gelegenheit hatte, ganz ausführlich über den Gegenstand des Briefes Ew. Excellenz zu sprechen. Der General York schien geneigt die Bedingungen einzugehen, welche Hochdieselben ihm antragen, wünscht aber auch einen Schein der Nothwendigkeit für sich zu haben. Er ist daher in kleinen Märschen gegen Tilsit vorgerückt, in der Hoffnung, daß Morgen Graf Wittgenstein gewiß bei Tilsit eingetroffen ist, und es ihm unmöglich gemacht hat, ohne sehr große Opfer die Memel zu passiren. Seit dem 14. ist zwischen den Preußen und Russen kein Schuß gefallen. Den 15. bin ich nach dem

---

9. December vorgeschrieben ist, zu der Abtheilung des General Loewis alle disponiblen Kräfte der Rigaer Garnison stoßen zu lassen, so habe ich diesem General geschrieben, er möge auch mein kleines Detachement unter sein Commando nehmen, ich selbst würde nach seinem Eintreffen an hiesigem Ort und nach Regelung der hiesigen Angelegenheiten, in die mir anvertrauten Provinzen zurückkehren.

26. (Siehe oben.)

General Diebitsch herüber gegangen, um ihn mit den Wünschen des Generals York bekannt zu machen und heute hat mich derselbe hierher geschickt zu dem General Loewis, um ihm über das Vorgefallene Nachricht zu geben. Ich reise jetzt unverzüglich zum General Diebitsch zurück und werde mich dort solange aufhalten, bis General York einen Entschluß gefaßt hat. Alsdann suche ich Ew. Excellenz so schnell als möglich auf, und ohne es ganz bestimmt zu wissen, hoffe ich, daß General York seine Convention mit keinem andern, als mit Ew. Excellenz abschließen wird. Er hat in diesem Augenblick 13 Bataillons, 6 Escadrons und 32 Geschütze unter seinem unmittelbaren Commando; 10 Escadrons und 5 Bataillone sind noch beim Marschall Macdonald, werden aber heute von dem Vorgefallenen benachrichtigt.

Verzeihen Ew. Excellenz diesen sehr unvollständigen und in großer Eile geschriebenen Bericht. Ich hoffe Hochdenselben recht bald mündlich ausführlichen Bericht abstatten zu können.

Wornin, im Hauptquart. des   Norbenburg (Dohna)
Hrn. Generals v. Loewis, d. 16. Dec. 1812.   Major.

27. Lettre de S. E. Monsieur le Lieut. Gén. Yorck à S. E. Mr. le Lieut. Gén. Marquis Paulucci, en date de Tauroggen le 29./17. Dec. 1812.

J'ai reçu la lettre, que V. E. m'a fait l'honneur de m'écrire du 16. 28. de ce mois. Son contenue me persuade et mon parti est pris. L'éloignement de Votre Excellence, et les circonstances pressantes me font entrer en negociation avec Mr. le Général de Diebitsch qui se trouve vis à vis de moi, et qui agit d'accord avec Votre envoyé le Comte Dohna.

---

27. General York an den Marquis Paulucci, Tauroggen am 17. 29. December 1812.

Ich habe den Brief erhalten, mit dem Ew. Excellenz mich unter dem 16./28. d. M. beehrt haben. Sein Inhalt überzeugt mich und mein Entschluß ist gefaßt. Die Entfernung Ew. Excellenz und das Drängen der Umstände haben mich mit dem General v. Diebitsch, der sich mir gegenüber befindet und im Einverständniß mit Ihrem Abgesandten, dem Grafen Dohna handelt — abschließen lassen.

Les mêmes conditions, que V. E. m'a faite dans sa lettre du 10./22. Dec. font la base de ma négociation avec Mr. le Général de Diebitsch.

La conviction intime, que le salut de ma patrie, que le bien de l'humanité demandent la détermination que je prends d'après vos sollicitations, me font oublier dans cet important moment toute considération personelle. Cependant la lenteur des opérations des corps Russes, rend ma position très-penible. J'ai dû prendre librement une résolution à laquelle j'aurois aimé me voir forcé.

V. Exc. conviendra, que dans ce moment, ma présence est urgente ici; je dois donc remettre l'honneur de la voir au moment, où tous les arrangemens sont pris, et je me réjouis d'avance d'avoir le plaisir de faire Sa connoissance personelle, pour Lui réitirer de bouche les sentimens de la plus haute estime et de la parfaite considération avec laquelle j'ai l'honneur d'être etc.*)

Die Bedingungen, welche Ew. Excellenz mir in Ihrem Schreiben vom 10./22. December vorgeschlagen haben, bilden die Grundlage meiner Verhandlung mit dem General v. Diebitsch.

Die innige Ueberzeugung, daß das Wohl meines Vaterlandes, das Wohl der Menschheit die Entscheidung fordere, welche ich Ihren Anträgen gemäß gefällt habe, lassen mich in diesem wichtigen Augenblick jede persönliche Rücksicht vergessen. Die Langsamkeit der Operationen der russischen Corps macht meine Stellung indessen zu einer höchst peinlichen. Ich habe freiwillig einen Entschluß fassen müssen, zu dem ich mich lieber hätte zwingen lassen.

Ew. Excellenz werden einräumen, daß meine Anwesenheit an hiesigem Ort, in diesem Augenblick dringend nothwendig ist; ich muß die Ehre, Ew. Excellenz zu sehen, darum auf den Augenblick verschieben, in dem alle Arrangements getroffen sind und freue mich im voraus auf das Vergnügen, Ihre persönliche Bekanntschaft zu machen, um Ihnen mündlich die Gefühle der vollständigen Hochachtung zu wiederholen, mit welcher ich die Ehre habe zu sein u. s. w.

---

*) Die Copie, von der ich vorstehende Abschrift machte, war von der Hand des Marquis. Mertel.

28. A Sa. Majesté Impériale.
(Vom Marquis aus Memel vom 18./30. Dec. 1812.)

Autorisé par le très-gracieux réscrit de V. M. Imp. en date du 6 de ce mois, de continuer les négociations entamées avec le Gén. Yorck, j'ai adressée à ce Général par la voye du Comte Dohna la lettre, que j'ai eu l'honneur de Vous soumettre, Sire, par mon très humble rapport en date du 16. du courant, No 23.

Ayant reçu une lettre du Comte Dohna sur cette importante negociation, je m'empresse de la présenter à V. M. pour qu'Elle soit à même de juger, jusqu'à quel point j'ai conduit cette négociation.

Comme dans cet instant je reçois un avis, d'après lequel je dois croire, que Macdonald ayant trouvé Tilzit deja occupé par nos troupes, n'aye pas encore passé la Memel, et jugeant de la plus haute importance d'empêcher la jonction du Général Yorck avec Monsieur de Tarente, afin de laisser au premier un honorable prétexte d'accepter mes propositions, par conséquence le Lieut. Général Loewis, qui étoit hier à Ворны, sera aujourd'hui à новосжьсто,

---

28. Marquis Paulucci an den Kaiser Alexander, Memel 18./30. Dec.

Durch das gnädige Rescript Ew. Kaiserl. Majestät vom 6. b. Mts. dazu bevollmächtigt, die angeknüpften Verhandlungen mit dem General York fortzusetzen, habe ich diesem General durch den Grafen Dohna das Schreiben zugesandt, welches ich Ihnen, Sire, mit meinem unterthänigsten Bericht vom 16. b. Mts. (Nr. 23) zu unterbreiten die Ehre hatte.

Nachdem ich von dem Grafen Dohna in dieser wichtigen Angelegenheit einen Brief erhalten habe, beeile ich mich, denselben Ew. Majestät vorzulegen, damit Ew. Majestät selbst beurtheilen können, bis zu welchem Punkt ich diese Unterhandlung geführt habe.

Da mir in diesem Augenblick eine Mittheilung zukommt, nach welcher ich glauben muß, Macdonald habe Tilsit bereits von unsern Truppen besetzt vorgefunden und darum die Memel noch nicht überschritten, so halte ich es für höchst nothwendig, die Vereinigung General York's mit dem Herzog von Tarent zu verhindern, um dem ersteren einen ehrenvollen Vorwand zur Annahme meiner Vorschläge offen zu lassen. Der General=

et moi-même après avoir laissé ici en garnison dans la citadelle le 16me régiment, je tacherai de me rapprocher autant qu'il me sera possible à ce Général avec le reste de mon detachement, qui consiste en un mille hommes afin d'être plus à même de porter à son terme la négociation avec les Prussiens.

A peine cette affaire sera terminé de quelle manière que ce soit, et que j'aurai fini d'arranger les affaires du district de Memel, je remettrai le commandement de toutes les troupes au Général Loewis, et je retournerai à Riga.

29. A Mr. le Lieut. Gén. d'Yorck.
(Vom Marquis, vom 19./31. Dec. 1812.)

Après avoir occupé Memel avec une partie de mon corps, je me suis réunie avec le reste au Général Loewis.

Je desire absolument d'avoir une réponse cathégorique à la lettre que j'ai eû l'honneur d'ecrire à V. E. en date du 10./22. de ce mois et s'il est possible, de pouvoir avoir un entretien avec Vous, Mr. le Général.

Lieutenant Loewis, der gestern in Worny war, wird darum heute in Nowoje Mesto sein, ich selbst aber werde, nachdem ich das 16. Regiment als Garnison in der Citadelle zurückgelassen habe, versuchen, mich mit dem Rest meiner Truppen (etwa 1000 Mann), dem General möglichst zu nähern, um die Verhandlungen mit den Preußen selbst zu Ende zu führen.

Sobald diese Angelegenheit, auf welche Weise auch immer, beendet ist, und ich die Angelegenheiten im Memelschen Kreise arrangirt habe, werde ich das Commando über sämmtliche Truppen dem General Loewis übergeben und nach Riga zurückkehren.

29. Marquis Paulucci an den Generallieutenant York, 19./31. Dec.

Nachdem ich Memel mit einem Theil meines Corps besetzt habe, habe ich mich sammt dem Rest desselben, mit dem General Loewis vereinigt.

Ich wünsche jedenfalls eine kategorische Antwort auf mein unter dem 10./22. d. M. an Ew. Excellenz gerichtetes Schreiben zu erhalten und, wenn es möglich ist, mit Ihnen, Herr General, eine Zusammenkunft zu haben.

Veuillés donc V. E. me faire savoir Votre réponse et m'indiquer l'endroit qui Vous convient pour le rendez-vous, et je m'y rendrai de suite.

Je saisis avec empressement etc.

30. A S. E. Mr. le Lieut. Gén. Marquis Paulucci.

(Note von der Hand des Marquis: reçu le 22. Dec. 1812/3. Jan. 1813.)

Monsieur le Général!

J'ai eu l'honneur de répondre à la lettre de V. Exc. par la mienne du 17./29. Dec. laquelle apparement ne lui sera pas parvenu. En l'informant que sous les mêmes conditions qu'Elle m'a proposées précedemment, j'ai conclu une convention avec Mr. le Général Diebitsch, qui se trouvoit vis-à-vis de moi, je lui exprime en même tems mes regrets de n'avoir pas trouvé l'occasion à terminer avec Vous, Mr. le Général, une affaire, qui fit l'objet de nos rélations. Le retard d'un parti definitif auroit dû augmenter le critique de ma position, qui l'était déjà par la lenteur des mouvemens des corps, qui devoient rendre impossible toute communication avec la

---

Wollen Ew. Excellenz mir darum Ihre Antwort zukommen lassen und den Ihnen zu einem Zusammentreffen geeignet erscheinenden Ort angeben, so werde ich mich augenblicklich an denselben begeben.

Ich ergreife diese Gelegenheit u. s. w.

30. General York an den Marq. Paulucci, Polangen 1./13. Jan. 1813.

Herr General!

Ich habe bereits die Ehre gehabt, Ew. Excellenz Schreiben durch einen Brief vom 17./29. December zu beantworten, der Ihnen aber offenbar nicht zugegangen ist. Indem ich Ew. Excell. davon in Kenntniß setze, daß ich auf dieselben Bedingungen, welche Sie mir neulich vorschlugen, mit dem Herrn General Diebitsch, der sich mir gegenüber befand, eine Convention abgeschlossen habe, drücke ich Ihnen gleichzeitig mein Bedauern darüber aus, daß ich nicht Gelegenheit gefunden habe, eine Angelegenheit, welche der Gegenstand unserer Verhandlungen war, mit Ihnen, Herr General, abzuschließen. Ein Aufschub in der allendlichen Entscheidung hätte das Kritische meiner Lage, die durch die Langsamkeit der Bewegungen der

7ᵐᵉ Division. Des raisons majeures m'ont dû retenir de la rétablir.

Je dois de même avoir l'honneur de répéter à V. Exc. que dans ce moment ma présence auprès de mon corps est trop urgente, pour pouvoir m'en éloigner un instant. J'apprends qu'Elle se rendra à Wingen, et si je puis passer aujourd'hui à Tilsit, j'ose demander à V. Exc. la complaisance de m'informer, si demain je pourrois avoir l'honneur de l'entretenir à Wingen, pour lui répéter en même tems l'assurance de la plus parfaite estime et de la plus haute considération avec laquelle, j'ai l'honneur d'être.

Polangen, Monsieur le Général de Votre Excellence
le 1. Janvier 1813. le très humble et très obéissant
serviteur
d'Yorck.

Corps, welche meine Vereinigung mit der 7. Division unmöglich machen sollten, bereits kritisch genug war, — gesteigert. Höhere Rücksichten haben mich von einer Bewerkstelligung dieser Vereinigung zurückhalten müssen.

Ich muß die Ehre haben, Ew. Excell. zu wiederholen, daß nochmals meine Anwesenheit bei meinem Corps in diesem Augenblick zu bringend nothwendig ist, als daß ich dasselbe auch nur auf einen Augenblick verlassen könnte. Ich höre, daß Ew. Excell. sich heute nach Wingen begeben werden, und kann ich heute nach Tilsit kommen, so bitte ich Ew. Excellenz um die Gefälligkeit, mir mitzutheilen, ob ich morgen die Ehre haben kann, Sie in Wingen anzutreffen, um Ihnen nochmals zu wiederholen u. s. w.

Ihr ergebenster und gehorsamster Diener
v. York.

Note von der Hand des Marquis:
erhalten am 3. Jan. 1813/22. Dec. 1812.

31. A Sa Majesté Impériale.
(Vom Marquis, vom 21. Dec. 1812/2. Jan. 1813.)

Je m'empresse de présenter à Votre Majesté Imp. mes félicitations sur l'heureuse conclusion de la négociation entamée avec le Lieut. Gén. Yorck, Commandant le corps auxiliaire de Prusse. Afin que V. M. puisse connoître avec tous les détails, comme cette affaire s'est passée, je procure au Comte Dohna le bonheur, Sire, de mettre à Vos pieds ce trèshumble rapport. Je crois devoir en même tems porter à la connoissance de V. M. la lettre que le Lieut. Gén. Yorck m'a adressée, le rapport que j'ai reçu seulement hier au matin prés de Picktupöhnen de la part du Général-Major Diebitsch, qui est celui qui a terminée cette importante négociation, et enfin le rapport de ce même Gén. au Général Loewis, que celui-ci m'a communiqué. Ces deux rapports sont aussi intéressans par quelques contradictions qu'ils renferment. Le retour du Major Seidlitz de Berlin, dont j'ai eu le bonheur de rendre compte à V. M. par mon rapport en date du 16. de ce mois, a dû contribuer à déterminer la conduite du Général Yorck, et jamais

---

31. Marq. Paulucci an den Kaiser Alexander, 21. Dec. 1812, 2. Januar 1813.

Ich beeile mich, Ew. Majestät zu dem glücklichen Abschluß, der mit dem Generallieutenant York, dem Commandirenden des Corps der preußischen Hilfstruppen, angeknüpften Verhandlungen Glück zu wünschen.

Damit Ew. Majestät in allen Einzelheiten erfahren können, wie diese Sache verlaufen, habe ich dem Grafen Dohna das Glück bereitet, diesen unterthänigsten Bericht, Sir, Ihnen zu unterbreiten.

Gleichzeitig glaube ich den vom General York an mich gerichteten Brief und den mir erst gestern morgen in Picktupöhnen zugegangenen Bericht des Generalmajor Diebitsch, der diese wichtige Angelegenheit zu Ende geführt hat, sowie den (mir von Loewis mitgetheilten) von Diebitsch an den General Loewis gerichteten Bericht, zu Ew. Majestät Kenntniß bringen zu müssen. Diese beiden Berichte sind auch durch einige Widersprüche, die sie enthalten, von Interesse. Die Rückkehr des Major Seydlitz von Berlin, über welche ich Ew. Majestät in meinem Rapport vom 16. d. M. zu berichten das Glück gehabt habe, hat dazu beitragen müssen, die

convention n'a pu être conclu plus à propos pour nous, car par là Macdonald probablement devra passer par les fourches Caudines.

Malgré que les Généraux Yorck et Diebitsch prétendent que la convention, qu'ils viennent de conclure, est entièrement conforme à mes propositions, il y existe cependant une diversité assés importante, relativement à l'espace de terrain que devra occuper actuellement le corps Prussien.

Ce changement demande dans les momens actuels des mésures de précaution, qui n'échaperont pas à la sagesse de V. M. afin d'obvier les inconveniens qui pourroient en résulter.

Je suis trop franc, pour pouvoir laisser ignorer à V. M. I. qu'en même tems que je rends toute la justice qui est dûe au zêle et à l'activité du Général-Major Diebitsch, j'ai été cependant surpris, qu'avant de signer la convention, non seulement qu'il ne m'en a pas rendu compte, connoissant l'autorisation dont j'ai été mûni, Sire, de Votre part, mais aussi de ce qu'il n'a

Handlungsweise des General York zu bestimmen und niemals hat eine uns vortheilhaftere Convention abgeschlossen werden können, weil zufolge ihrer Macdonald wahrscheinlich caubinische Engpässe passiven müssen wird.

Ob die Generale York und Diebitsch gleich behaupten, die von ihnen abgeschlossene Convention entspreche meinen Vorschlägen vollständig, so waltet doch ein wichtiger Unterschied bezüglich der Ausdehnung des Terrains ob, welches gegenwärtig von dem preußischen Corps eingenommen werden soll.

Diese Abänderung macht im gegenwärtigen Augenblick Vorsichts= maßregeln nothwendig, welche der Weisheit Ew. Majestät nicht entgehen werden, damit den Unannehmlichkeiten, welche entstehen können, begegnet werde.

Ich bin zu offen, um Ew. Majestät verhehlen zu können, daß ich, wenn ich gleich bem Eifer und der Thätigkeit des General Diebitsch alle schuldige Gerechtigkeit wiederfahren lasse, doch verwundert bin, daß er, bevor er die Convention unterzeichnete, nicht nur mir darüber keine Rechen= schaft ablegte, obgleich er von der Vollmacht wußte, die mir Ihrerseits, Sire, ertheilt war, noch auch den Generallieutenant Loewis consultirte,

pas non plus consulté le Lieut. Gén. Loewis, qui étoit muni de mes instructions, et qui se trouvoit à quelques Werstes de distance.

Par cette conduite, ainsi que par ses deux rapports, le Gén. Major Diebitsch laisse un juste motif à supposer, qu'il veuille s'approprier toute la gloire de cette importante convention. De mon côté, je suis bien loin de vouloir la lui disputer, car le seul et unique but auquel je vise, est le bien de Votre service et ma propre satisfaction.

Je ne puis pas omettre dans cette circonstance de récommander à la bienveillance de V. M. I. le Comte Dohna, qui même de l'aveu du Général-Major Diebitsch à beaucoup contribué à la réussite de la négociation.

J'ai l'honneur etc.

32. A Mr. le Lieut.-Général Yorck.
(Vom Marquis, vom 21. Dec. 1812/2. Jan. 1813.)

J'ai reçu la lettre que V. Exc. m'a fait l'honneur de m'écrire en date du 29. (n. st.) de ce mois, et je me réjouis infiniment de ce

---

welcher mit meinen Instructionen versehen und nur einige Werst weit entfernt war.

Durch diese seine Handlungsweise, wie durch seine beiden Berichte, giebt der General gerechte Veranlassung zu der Annahme, als habe er sich den ganzen Ruhm dieser wichtigen Convention aneignen wollen. Ich, meinestheils, bin weit davon entfernt, ihm diesen Ruhm streitig machen zu wollen, da das einzige Ziel auf welches ich es abgesehen habe, in dem Vortheil Ihres Dienstes und meiner eigenen Genugthuung besteht.

Ich kann nicht umhin, bei dieser Gelegenheit den Grafen Dohna dem Wohlwollen Ew. Majestät zu empfehlen, der — selbst nach der Versicherung des Generalmajors Diebitsch) — sehr viel zu dem Erfolg dieser Convention beigetragen hat. —

Ich habe die Ehre u. s. w.

32. Marquis Paulucci an den General York, 21. Dec. 1812/2. Januar 1813.

Ew. Excellenz Schreiben vom 29. a. St. habe ich erhalten; ich freue mich außerordentlich darüber, daß Sie, Herr General, endlich den Ent=

que Vous avez enfin pris, Mr. le Général, la résolution qui est analogue à Votre façon de penser et aux interêts de Votre partie.

Je régrette, que je n'ai pas pus terminer moi-même avec. V. E. la négociation que j'avois entamée puisque j'ai été privé par là d'avoir l'honneur de faire Votre connoissance personnelle. J'espère cependant que quelque circonstance propice me procurera bientôt ce bonheur auquel j'aspire quelque tems.

Mon devoir me rapellant dans les Gouvernemens qui sont sous mon commandement, je prie V. E. de vouloir m'adresser à Riga ses ordres sur tous les objects que Vous croirés de ma compétence.

J'ai reçu ci-joint quelques lettres qui m'ont été envoyées de Mitau et que j'ai l'honneur de Vous transmettre.

Daignés V. E. agréer l'assurance etc.

33. A Mr. le Lieut. Général Yorck.
(Vom Marquis, vom 22. Dec. 1812/3. Jan. 1813.)

J'ai reçu seulement dans l'instant la lettre que V. E. m'a fait l'honneur de m'écrire en date du 1. Janvier; ainsi le moment que

---

schluß gefaßt haben, der Ihrer Denkungsart und den Interessen Ihres Vaterlandes entspricht.

Ich bedauere, die von mir begonnenen Verhandlungen nicht selbst mit Ew. Excellenz zu Ende geführt haben zu können, da ich auf diese Weise der Ehre beraubt worden bin, Ihre persönliche Bekanntschaft zu machen. Ich hoffe indessen, ein günstiges Geschick werde mir bald das Glück, nach welchem ich schon längere Zeit strebe, verschaffen.

Meine Pflicht ruft mich in die Provinzen zurück, welche unter meinem Befehl stehen und ersuche ich Ew. Excellenz mir Ihre Aufträge über alle Gegenstände, welche Sie innerhalb meiner Competenz glauben, an mich nach Riga zu adressiren.

Ich habe die beifolgenden mir von Mitau zugesandten Briefe erhalten, welche ich die Ehre habe, Ihnen zu übersenden.

Empfangen Sie u. s. w.

33. Marquis Paulucci an den General York, 22. Dec 1812/3. Januar 1813.

Soeben erst erhalte ich Ew. Excellenz Schreiben vom 1. Januar. Der Augenblick, den Sie freundlichst für unser Zusammentreffen angesetzt

Vous aviez bien voulu fixer pour nous voir, étoit déja passé. J'en veux beaucoup à Mr. le Colonel Balabin, de ne m'avoir pas fait parvenir plutôt cette lettre; car j'aurois d'abord rébroussé chemin, afin de pouvoir me procurer l'honneur de faire Votre connoissance personnelle, auquel j'aspire dépuis longtems.

Il est sûr, que la position dans laquelle V. Exc. s'est trouvée par la lenteur des mouvemens des troupes russes, étoit, extrêmement embarassante, mais il n'a pas dépendu de moi de faire que le contraire arrive.

Une intrigue — V. E. sait qu'il y en a partout — m'avoit privé pendant les momens les plus decisifs du commandement de la majorité de mes troupes et je n'ai eû l'autorisation de reprendre ce commandement, que le jour même que la convention avoit été signée, et ce même jour j'aurois pris mes dispositions, pour que le lendemain toutes les troupes sous les ordres du Général Loewis puissent être entre Picktupöhnen et Wilkischken.

Comme les troupes que le Général Loewis commande sous mes ordres, sont au moment de se joindre au corps du comte Witgen-

---

haben, war mithin schon verstrichen. Ich muß dem Herrn Obristen Balabin einen Vorwurf daraus machen, mir diesen Brief nicht früher übersandt zu haben, weil ich sogleich wieder umgekehrt wäre, um mir die Ehre Ihrer persönlichen Bekanntschaft, welche ich schon lange wünsche, zu verschaffen.

Ich begreife, daß die Lage, in welche Ew. Excellenz durch die Langsamkeit der russischen Truppen gerathen waren, eine höchst peinliche war, es hat aber nicht von mir abgehangen, das Gegentheil herbeizuführen.

Eine Intrigue — und Ew. Excellenz wissen, daß dergleichen überall vorkommt — hatte mich während der entscheidendsten Augenblicke des Commandos über den größten Theil meiner Truppen beraubt; ich erhielt die Autorisation, dieses Commando aufs Neue zu übernehmen erst an dem Tage wieder, an dem die Convention bereits unterzeichnet war, ich hätte sonst noch an demselben Tage meine Dispositionen dahin getroffen, daß alle unter dem General Loewis stehenden Truppen anderen Tages zwischen Picktupöhnen und Wilkischken hätten sein können.

Da die von dem General Loewis unter meinem Oberbefehl kommandirten Truppen im Begriff sind, zu dem Corps des Grafen Wittgenstein

stein, par conséquence j'abandonne le Commandement, et après avoir mis ordre aux affaires du district du Memel, qui provisoirement sera administré an nom de Sa Majesté l'Empereur de Russie, je retourne dans mes gouvernemens où je serai heureux, si j'amais je pourrois avoir l'honneur de reçevoir V. Exc. et pouvoir Vous témoigner mon estime et le desir que j'ai d'acquerir Votre amitié.

J'ai l'honneur d'être etc.

34. A Sa Majesté Impériale.
(Vom Marquis, vom 27. Dec. 1812/8. Jan. 1813.)

Par mon très humble rapport du 22. de ce mois, No 28, j'ai crû devoir faire connoître à V. M. Imp. que je n'approuvois pas le changement fait par le Général Diebitsch à la convention que j'avois proposée aux Prussiens, rélativement à l'éspace du terrain qu'ils occuperoient pendant le tems de leur inactivité.

Le rapport ci-joint du Commandement de Memel justifiéra auprès de V. M. cette opinion, ainsi que mon mécontentement sur

---

zu stoßen, so werde ich mein Commando abgeben und nach Regelung der Geschäfte des provisorisch im Namen S. M. des Kaisers von Rußland verwalteten Memelschen Kreises, in meine Provinzen zurückkehren; ich werde stets glücklich sein, wenn mir je hier die Ehre zu Theil werden sollte, Ew. Excellenz empfangen, Ihnen meine Achtung und meinen Wunsch bezeugen zu können, Ihrer Freundschaft theilhaft zu werden.

Ich habe die Ehre u. s. w.

34. Marquis Paulucci an den Kaiser Alexander, 27. Dec. 1812, 8. Januar 1813.

Durch meinen unterthänigsten Bericht vom 22. d. M., (Nr. 28) habe ich Ew. Majestät bereits berichten zu müssen geglaubt, daß ich die vom General Diebitsch getroffenen Abänderungen an den von mir den Preußen gemachten Vorschlägen, soweit diese Abänderungen sich auf die Ausdehnung des Terrains beziehen, welches dieselben während ihrer Inactivität einnehmen sollen, — nicht billigen könne.

Der beiliegende Bericht der Memeler Commandantur wird Ew. Maj. gegenüber diese meine Ansicht ebenso rechtfertigen, wie meine Unzufriedenheit

la précipitation avec laquelle le Général-Major Diebitsch à signé la convention sans m'en prévenir, et sans consulter le Lieut. Gén. Loewis, qui étoit à quelques Werstes de lui. De son coté le Général Yorck a sû profiter en homme habile de l'empressement que le Général Diebitsch à temoigné d'avoir la gloire de conclure cette convention, pour y faire des changemens, auxquels il étoit sûr que je n'aurois pas consenti.

Les arrangements que le Comte Witgenstein sera à même de prendre en suite de cette convention et les progrès des ses armes dans l'intérieur de la Prusse, aplaniront, je ne doute pas, les difficultés qui auroient pû naître. Cependant je n'ai pas crû devoir omettre de mon coté d'adresser au Colonel Ekesparre l'ordre que j'ai l'honneur de soumettre à la connoiscance de V. M. I.

Memel, soit sous les rapports de son commerce, soit sous ceux de sa situation, rélativement aux frontières de la Russie, est un point très-important. Si la politique, d'après ma manière de voir, demande d'un part, que V. Maj. ne décèle pas dans la conduite le dé-

---

mit der Ueberstürzung, mit der der Generalmajor Diebitsch die Convention unterzeichnet hat, ohne mich davon vorläufig zu benachrichtigen, und ohne den nur einige Werst weit von ihm entfernten Generallieutenant Loewis zu Rathe zu ziehen. Der General Jork hat seinerseits, als ein gewandter Mann, von der Hast Vortheil zu ziehen gewußt, welche der General Diebitsch bezeugte, um den Ruhm, die Convention abgeschlossen zu haben, zu erwerben: er hat Aenderungen bewirkt, von denen er (Jork) wußte, daß ich nie in dieselben einwilligen würde.

Die Arrangements, welche der Graf Wittgenstein dieser Convention zufolge ergreifen können wird und die Fortschritte, welche seine Armeen im Innern Preußens machen, werden ohne Zweifel die Schwierigkeiten, welche entstehen könnten, hinwegräumen. Ich habe indessen geglaubt, meinerseits nicht den Befehl unterlassen zu dürfen, den ich dem Obersten Elesparre ertheilt habe, und den ich beiliegend der Kenntniß Ew. Majestät unterbreite.

Memel ist sowohl hinsichtlich seines Handels wie hinsichtlich seiner Lage an der preußischen Grenze ein sehr wichtiger Punkt. Fordert die Politik auch, meiner Ansicht nach, daß Ew. Majestät in Ihrer

sir d'étendre plus loin ses frontières, cette même politique exige cependant de profiter de tous les avantages que l'on peut avoir, afin de parvenir à les établir telles qu'il convient sous les rapports militaires et commerciaux, à la sureté et au bonheur de l'Empire. La Vistule est certainement la frontière à laquelle s'étendent mes voeux; non obstant la prudence exige par tous les chances qui peuvent encore avoir lieu, de se préparer à une moins avantageuse. C'est d'après ce principe que j'ai crû devoir par les dispositions que j'ai prises, préparer insensiblement Memel à former partie de notre frontières, sans cependant effaroucher la Cour de Prusse, qui ne peut jusqu'à présent regarder son occupation et la conduite que j'ai tenue, que comme une mésure purement militaire.

Je suis etc.

35. A Mr. le Lieut. Général Yorck.
(Vom Marquis, vom 28. Dec. 1812/9. Jan. 1813.)

Le Commandant de Memel me fait rapport, que V. E. exige d'après la convention, faite avec le Général Diebitsch, d'occuper

Handlungsweise den Wunsch, Ihre Grenzen weiter auszudehnen, nicht durchblicken lassen, so fordert diese selbe Politik doch auch wieder, von allen Vortheilen, die man haben kann, Gewinn zuzichen, um diese Grenzen so zu ziehen, wie es für die Sicherheit und das Glück des Reichs in militärischer und kommerzieller Beziehung angemessen ist. Die Weichsel ist in der That die Grenze, bis zu der sich meine Wünsche ausdehnen; nichts destoweniger fordert die Vorsicht sich in Betracht aller, möglicher Weise eintreten könnender Chancen, auf eine minder günstige gefaßt zu machen. Diesem Princip gemäß habe ich meine Dispositionen der Art nehmen zu müssen geglaubt, daß durch sie Memel unbemerkbar dazu vorbereitet werde, unseren Grenzen einverleibt zu werden, ohne doch den preußischen Hof zu erschrecken, der bis jetzt die Einnahme Memels und die von mir beobachtete Haltung als rein militärische Maßregeln ansehen muß.

Ich habe die Ehre u. s. w.

35. Marquis Paulucci an den Generallieutenant York, 28. December 1812/9. Januar 1813*).

Der Commandant von Memel berichtet mir, Ew. Excellenz verlangten gemäß der mit dem General Diebitsch abgeschlossenen Convention,

---
*) Droysen bezeichnet den 4. Januar als Datum dieses Briefs.

Memel avec Ses troupes, ainsi qu'on Vous rende plusieurs effets qui ont été pris lors de la capitulation de cette Ville.

Je me fais un devoir de prévenir V. E. que j'en ai rendu compte à Sa Majesté sans les ordres de laquelle le Colonel Ekesparre, Comdt. de Memel, est dans l'impossibilité absolue de permettre à Vos troupes l'entrée à Memel, ni qu'elles puissent reçevoir aucun des effects qui se trouvent dans la ville.

Je ne discuterai point, si lé Général-Major Diebitsch était ou non autorisé à établir la convention qu'il a conclue avec V. Exc., je me bornerai seulement à Vous rappeler, Mr. le Général, que j'ai eu l'honneur de Vous communiquer les pleins pouvoirs que j'avois reçu de Sa Majesté, et d'après lesquelles j'ai fait un projet de convention, sur la base de laquelle Mr. Diebitsch a crû se tenir, en s'en écartant cependant d'une manière si importante, qu'il est absolument nécessaire que Sa Maj. l'Empereur décide, avant que je sois à même en ce qui me regarde, de donner la main, pour qu'elle puisse avoir un plein effet.

Memel mit Ihren Truppen zu besetzen, sowie die Rückgabe verschiedener Gegenstände, welche bei der Capitulation dieser Stadt weggenommen wurden.

Ich halte mich für verpflichtet, Ew. Excellenz davon zu benachrichtigen, daß ich Sr. Maj. dem Kaiser über diese Frage berichtet habe und daß der Commandant von Memel, Obrist Ekesparre, völlig außer Stande ist, ohne Befehl Sr. Majestät, Ihren Truppen den Einzug in Memel oder die Auslieferung der in der Stadt befindlichen Gegenstände zu gestatten.

Ich will nicht untersuchen, ob der Generalmajor Diebitsch bevollmächtigt war oder nicht, die Convention einzugehen, welche er mit Ew. Excellenz abgeschlossen hat — ich beschränke mich darauf, Ihnen, Herr General, ins Gedächtniß zurückzurufen, daß ich bereits die Ehre hatte, Ihnen die Vollmacht Sr. Majestät des Kaisers mitzutheilen, nach welcher ich ein Conventionsproject gemacht und dessen Grundlagen Herr Diebitsch zu folgen glaubte, während er doch in so gewichtiger Weise von denselben abwich, daß es durchaus nothwendig geworden ist, Se. Majestät den Kaiser entscheiden zu lassen, bevor ich meinerseits die Hand zu einer vollständigen Verwirklichung der Convention bieten kann.

Lorsque Sa Majesté m'aura fait connoître Ses ordres sur Vos demandes, je m'empresserai de les communiquer à V. Exc. En attendant etc.

36. A Son Altesse le Prince de Smolensk.
(Vom Marquis, vom 30. Dec. 1812/11. Jan. 1813.)

Je ne saurois assès témoigner à Votre Altesse Sérénissime toute ma réconnoissance pour l'honneur qu'elle m'a faite, en m'accordant, par sa lettre du 24. Decembre son approbation sur la pétite expédition de Memel.

Ce témoignage très-flatteur et si honorable pour moi, me comble de joie et me prouve que je suis plus heureux que je ne pensois, puisque Votre Altesse, malgré qu'Elle aye crû devoir changer Ses prémières dispositions en ma faveur, et sur lesquelles je m'étois faite une illusion très agreable sur mon avenir, Elle daigne prendre cependant quelque interêt à ce qui me regarde. Sur la remarque dont Votre Altesse a voulu m'honorer; que je me suis mis en tête, qu'on vouloit pas de moi en employant le corps du Lieut.-

Sobald Se. Majestät mir Ihre Befehle in Bezug auf Dero Forderungen mitgetheilt hat, werde ich mich beeilen, Sie zu Ew. Excellenz Kenntniß zu bringen.

Derweilen u. f. w.

36. Marquis Paulucci an den Fürsten v. Smolensk (Kutusow).

Ich vermag kaum Ew. Durchlaucht die Größe meiner Dankbarkeit bezüglich des mir zugegangenen ehrenvollen Schreibens vom 24. Decbr. zu schildern, nach welchem Sie meine kleine Expedition auf Memel gutheißen.

Dies ebenso schmeichelhafte wie ehrenvolle Zeugniß erfüllt mich mit Freude und beweist mir, daß ich glücklicher bin als ich glaubte, da Ew. Durchlaucht, trotzdem Sie es für gut befanden, Ihre ursprünglichen Bestimmungen zu meinen Gunsten, auf welche hin ich mir bereits angenehme Hoffnungen für meine Zukunft gegründet hatte, — zu verändern, es dennoch nicht verschmähen, einigen Antheil an dem zu nehmen, was mich betrifft. Was die Bemerkung anlangt, die Ew. Durchlaucht mir machen, daß ich es mir in den Kopf gesetzt hätte, man wolle mich

Général Loewis, je me réserve de Lui prouver la justesse de mon opinion, fondée sur des documens irrévocables, lorsqu'il me sera accordé le bonheur de pouvoir l'entretenir personellement.

Il auroit été très-ridicule de ma part, de supposer un seul instant, qu'il pouvoit entrer dans le vuës de Votre Altesse Sérénissime, de vouloir me priver des occasions de me distinguer, mais je dois avouer avec la franchise qui m'est naturelle; que par les ordres qu'on a sollicités, on est parvenu à empêcher, que je ne puisse être dans le cas d'oter à qui que ce soit une parcelle de la gloire obtenue en abondance sous les ordres de Votre Altesse Sérénissime.

J'ai l'honneur d'être etc.

37. A Mr. le Général Comte Witgenstein.
(Vom Marquis, vom 3./15. Jan. 1813.)

J'ai reçu la lettre que Votre Exc. m'a fait l'honneur de m'écrire en date 26. Dec. et en réponse de laquelle je m'empresse de Lui rendre compte, que j'avois déjà fait mon rapport à Sa Maj. Imp. sur les démandes du Général Yorck, et jusqu'à ce que je ne réçois

---

umgehen, indem man die Corps des General v. Loewis verwendete — behalte ich mir vor, Ihnen die Richtigkeit meiner auf unwiderrufliche Documente begründeten Meinung zu beweisen, sobald ich der Ehre einer mündlichen Unterredung theilhaft werde.

Es wäre sehr lächerlich meinerseits gewesen, auch nur einen Augenblick anzunehmen, daß Ew. Durchlaucht mich der Gelegenheit, mich auszeichnen zu können, berauben wollten, aber ich muß mit der mir angeborenen Offenheit gestehen, daß man es durch die erwirkten Befehle dahin gebracht hat, mich der Gelegenheit zu berauben, mir einen Theil des Ruhms anzueignen, der unter den Befehlen Ew. Durchlaucht so reichlich eingeerntet worden ist.

Ich habe die Ehre u. s. w.

37. Marq. Paulucci an den General Grafen Wittgenstein, 3./15. Jan.

Ew. Excellenz Schreiben vom 26. v. M. habe ich erhalten und beeile ich mich, Ihnen zu berichten, daß ich meinen Bericht über die Wünsche des General Vork Sr. Maj. bereits erstattet hatte und daß der Commandant

les ordres, le Colonel Ekesparre, Commandant de Memel, est dans l'impossibilité absolue de permettre aux troupes Prussiennes d'occuper Memel, ni de récevoir aucuns des effets qui se trouvent dans cette ville.

 Je saisis avec empressement cette occasion pour réiterer à Votre Exc. l'assurance des sentimens respectueux avec lesquels j'ai l'honneur d'être etc.

---

von Memel, Oberst Ekesparre, bis zum Eingang weiterer Befehle völlig außer Stande ist, den preußischen Truppen die Besetzung Memels und die Empfangnahme der in dieser Stadt befindlichen Gegenstände zu gestatten.

 Ich ergreife diese Gelegenheit u. s. w.

Leipzig,
Druck von Giesecke & Devrient.

www.ingramcontent.com/pod-product-compliance
Lightning Source LLC
Chambersburg PA
CBHW020105170426
43199CB00009B/408